Os Adelfos
Adelphoe
EDIÇÃO BILÍNGUE

Públio Terêncio Afro

TERÊNCIO

Os Adelfos
Adelphoe

EDIÇÃO BILÍNGUE

TRADUÇÃO, NOTAS E PARATEXTOS
Rodrigo Tadeu Gonçalves

PREFÁCIO
Guilherme Gontijo Flores

autêntica C|L|Á|S|S|I|C|A

Título original: *Adelphoe*

COORDENAÇÃO DA COLEÇÃO CLÁSSICA, EDIÇÃO E PREPARAÇÃO
Oséias Silas Ferraz

EDITORAS RESPONSÁVEIS
Rejane Dias
Cecília Martins

REVISÃO
Bruna Emanuele Fernandes
Lúcia Assumpção

CAPA E PROJETO GRÁFICO
Diogo Droschi

DIAGRAMAÇÃO
Cecília Martins
Guilherme Fagundes

Dados Internacionais de Catalogação na Publicação (CIP)
(Câmara Brasileira do Livro, SP, Brasil)

Afro, Públio Terêncio, 185 a.C.-159 a.C
Os Adelfos / Públio Terêncio Afro ; com introdução, notas e posfácio do tradutor Rodrigo Tadeu Gonçalves. -- Belo Horizonte : Autêntica, 2020. -- (Coleção Clássica ; v. 9 / coordenação Oséias Silas Ferraz)

Edição bilíngue: português/inglês.
ISBN 978-85-513-0628-4

1. Teatro latino (Comédia) - História e crítica 2. Teatro (Literatura) I. Gonçalves, Rodrigo Tadeu. II. Título III. Série.

19-28290 CDD-872

Índices para catálogo sistemático:
1. Teatro : Literatura latina 872

Maria Alice Ferreira - Bibliotecária - CRB-8/7964

Belo Horizonte
Rua Carlos Turner, 420
Silveira . 31140-520
Belo Horizonte . MG
Tel.: (55 31) 3465 4500

São Paulo
Av. Paulista, 2.073
Conjunto Nacional, Horsa I
23º andar . Conj. 2310-2312
Cerqueira César .
01311-940 São Paulo . SP
Tel.: (55 11) 3034 4468

www.grupoautentica.com.br

A Coleção Clássica

A Coleção Clássica tem como objetivo publicar textos de literatura – em prosa e verso – e ensaios que, pela qualidade da escrita, aliada à importância do conteúdo, tornaram-se referência para determinado tema ou época. Assim, o conhecimento desses textos é considerado essencial para a compreensão de um momento da história e, ao mesmo tempo, a leitura é garantia de prazer. O leitor fica em dúvida se lê (ou relê) o livro porque precisa ou se precisa porque ele é prazeroso. Ou seja, o texto tornou-se "clássico".

Vários textos "clássicos" são conhecidos como uma referência, mas o acesso a eles nem sempre é fácil, pois muitos estão com suas edições esgotadas ou são inéditos no Brasil. Alguns desses textos comporão esta coleção da Autêntica Editora: livros gregos e latinos, mas também textos escritos em português, castelhano, francês, alemão, inglês e outros idiomas.

As novas traduções da Coleção Clássica – assim como introduções, notas e comentários – são encomendadas a especialistas no autor ou no tema do livro. Algumas traduções antigas, de qualidade notável, serão reeditadas, com aparato crítico atual. No caso de traduções em verso, a maior parte dos textos será publicada em versão bilíngue, o original espelhado com a tradução.

Não se trata de edições "acadêmicas", embora vários de nossos colaboradores sejam professores universitários. Os livros são destinados aos leitores atentos – aqueles que sabem que a fruição de um texto demanda prazeroso esforço –, que desejam ou precisam de um texto clássico em edição acessível, bem cuidada, confiável.

Nosso propósito é publicar livros dedicados ao "desocupado leitor". Não aquele que nada faz (esse nada realiza), mas ao que, em meio a mil projetos de vida, sente a necessidade de buscar o ócio produtivo ou a produção ociosa que é a leitura, o diálogo infinito.

Oséias Silas Ferraz
[coordenador da coleção]

Prefácio

Guilherme Gontijo Flores

Fala-se hoje, muito, da poética da prosa, fala-se bem de como parece não haver definição clara que marque os limites entre o que seria prosaico e o que seria poético nas escritas; vemos experimentos constantes na poesia e na tradução que tentam demonstrar o lugar do não poético na poética e vice-versa, numa relação cada vez mais complexa de leituras e desleituras; enfim, nós ampliamos, e muito, as possibilidades da poesia nos últimos dois séculos, mas penso que persistimos em seguir sem reparar nas poéticas da comédia e, mais precisamente, na poesia da comédia. Causa disso é, em parte, o desprestígio constante da comédia como gênero sério – fazer rir é uma arte difícil, mas pouco creditada num mundo cristão, tanto que ainda pouco pensamos no porquê da comédia na *Commedia* de Dante – pelo menos desde a tradição manuscrita da *Poética* de Aristóteles, que nos chegou sem a parte dedicada aos poetas cômicos, um ponto que seria fundamental para desenvolvermos uma história do pensamento sobre o assunto. Parte disso pode estar na nossa dificuldade de entender as piadas e os códigos do riso do passado ou de culturas distantes – o gozo da piada é compartilhar imediatamente de um jogo, por vezes, sutil, por vezes escancarado, de modo que a nota de rodapé é quase sempre o túmulo do riso. Mas, mais que tudo que se diga em termos gerais, penso que há dois motivos mais recentes que impedem a fruição de uma comédia poética. Em primeiro lugar, o teatro contemporâneo pouco pensa nas potencialidades do verso encenado – talvez T. S. Eliot tenha sido o último grande dramaturgo a se arriscar na lida do verso, livre, este que não é livre a nenhum poeta sério – e pouco se preocupa em procurar versões em verso das comédias do passado, tanto que Shakespeare, o comediógrafo, ainda tende a nos ser um ilustre desconhecido. Em segundo lugar, não temos mesmo uma tradição da tradução da comédia em verso, da comédia como poesia – há exceções recentes que confirmam a regra, tais como *As Rãs* de Aristófanes por Trajano Vieira, *O doente imaginário* de Molière por Leo Gonçalves, etc. –, nós não temos ainda uma tradição de *ver poesia na comédia*, por isso consideramos o verso da comédia como um apêndice incômodo, um ornamento inútil do riso. Em resumo, não vemos nem a poética no cômico nem o cômico na poética, fora os casos de poetas satíricos como Gregório de Matos, ou Bocage, mas estes não escreviam comédias. E mais, as traduções prosaicas que imperam nesta seara são, na maior parte, uma erva daninha contra o riso, um remédio em favor da monotonia. Daí a importância constante de reabilitarmos a tradução como espaço da discussão crítica, ou melhor, como espaço em que se reencena o riso em poesia.

Diante desse cenário raro do riso poético é que aparece, agora, tarde antes que nunca, a tradução d'*Os Adelfos* de Terêncio, realizada por Rodrigo Tadeu Gonçalves. Dizer que temos aqui poesia seria pouco, dizer que se trata de uma chance de riso trans-histórico ainda seria pouco: a aventura tradutória de Gonçalves é a de tentar simultaneamente o estranhamento de lermos uma peça escrita em latim no século II a.C., para agora, em português do século XXI que ecoa e se desvia ao latim; é o risco de, mesmo na comédia, evitar a naturalização tradutória da transparência facilitadora. No caso da poesia de Terêncio, trata-se de um riso fino, muitas vezes sutil; nada de tortas na cara, cascas de banana, trocadilhos em artilharia, nada das gargalhadas mais imediatas; trata-se de um riso atento de que lê e vê e ouve também nas entrelinhas. Não chega ao siso dos sisudos, mas é uma poética que gira em torno de risos discretos que, por vezes, irrompem às gargalhadas da plateia. A tradução de Rodrigo Gonçalves nos demanda o mesmo, pensar e rir, ao mesmo tempo, pensar na possibilidade de vermos essa peça agir no corpo. Daí o sonho do tradutor de teatro, o de ver-se traduzido em cena, quando o gesto, o corpo desdobra as potencialidades do texto aqui vertido em verso, quando a *poíesis* da poesia vira potência do corpo cômico do ator. O texto está aqui. Cabe aos leitores performá-lo, na mente, nos atos. Dar-se ao direito do riso.

Introdução

Rodrigo Tadeu Gonçalves

Esta introdução visa apenas apresentar alguns temas e questões principais sobre a peça que ora apresentamos em tradução. O público a que esta tradução se destina é preferencialmente heterogêneo, e, portanto, a introdução poderá servir tanto a interessados em literatura antiga ou em teatro em geral quanto a especialistas. Ao final, apresento uma bibliografia efetivamente acadêmica para os interessados em aprofundar-se em Terêncio.

Vida e obra

Suetônio (séc. I-II d.C.), em sua *Vita Terentii*, preservada por Donato (séc. IV d.C.), famoso comentador das comédias de Terêncio, é uma das fontes mais importantes a respeito da vida de Publius Terentius Afer. O poeta teria nascido em Cartago em 195/4 a.C. (ou 185/4, conforme variações nas edições do próprio Suetônio) e teria sido levado bem jovem a Roma como escravo do senador Terentius Lucanus, que o educou e o libertou, dizem as fontes, em virtude de sua beleza. Terêncio teria sido amigo íntimo de Cipião Africano e Gaio Lélio, generais e políticos importantes da época das Guerras Púnicas. Por conta dessa amizade, reputa-se a Terêncio a participação no chamado círculo dos Cipiões, composto por figuras públicas importantes interessadas em cultura helênica, literatura, ciências, entre outros. Há, no prólogo da peça aqui apresentada, uma referência ao fato de que o poeta sofria acusações de emprestar seu nome a esses poderosos, mas as referências textuais do próprio poeta e os testemunhos antigos não são claros quanto à natureza da relação do poeta com eles.

Terêncio compôs seis peças que foram apresentadas nos festivais públicos em Roma entre 166 e 160 a.C., e, depois disso, os biógrafos relatam que ele teria empreendido uma viagem à Grécia, da qual jamais retornou. Mais especificamente, supõe-se que a viagem tenha sido feita em busca de inspiração e mais material para compor suas comédias. Suetônio relata que Terêncio morreu enquanto retornava, carregando novas peças traduzidas do seu modelo preferido, o grego Menandro (algumas fontes sugerem que ele tenha composto 108 novas comédias nessa viagem, o que parece bastante improvável). Segundo o biógrafo, a morte pode ter se dado em virtude de uma grande tristeza que acometeu o poeta ao ter perdido suas peças durante a viagem.

A data de sua morte também é incerta, mas convenciona-se notar o ano 159 também em virtude da data da última apresentação de uma peça sua nos *Ludi*, 160, e da viagem que empreende logo depois. Terêncio teria vivido, portanto, 25 ou 35 anos, idade normalmente mais bem-aceita em virtude da plausibilidade.

Sua carreira literária e teatral parece ter sido bastante conturbada. Seus antecessores famosos da Comédia Nova latina (também chamada de *comoedia palliata*, em alusão ao figurino típico da Comédia Nova grega, o *pallium*), Tito Mácio Plauto (c. 254-184 a.C.) e Cecílio Estácio (c. 220-166), por exemplo, já tinham levado o gênero a níveis de excelência e popularidade enormes, e, uma vez que toda a produção dramática da comédia latina envolvia traduções, reescritas e adaptações de comédias gregas dos autores dos séculos IV-III a.C., como Menandro, Dífilo, Apolodoro de Caristo, Filêmon, entre outros (dos quais temos apenas fragmentos, com exceção de Menandro, com a descoberta de porções substanciais de algumas comédias em papiros no início do século XX[1]), testemunhos do próprio poeta em seus prólogos, como em *Eun.* 35-41,[2] dão conta de que a escassez de material novo a ser traduzido tornava difícil a vida dos comediógrafos de sua geração (uma peça não poderia ser traduzida e apresentada duas vezes em latim, nos festivais, por autores diferentes). Além disso, o poeta parece ter sofrido acusações de detratores cuja identidade não é facilmente reconhecida, já que o poeta indica-os em seus prólogos polêmicos de maneira bastante vaga – a crítica supõe, a partir de comentários posteriores, que se tratava do poeta cômico mais velho Lucius Lanuvinus.[3] Esses detratores teriam acusado Terêncio de vários tipos de imposturas literárias, entre elas, o *furtum* (tradução de uma passagem grega que já havia sido representada em Roma, um tipo de plágio), e a já mencionada relação suspeita com os poderosos.

No entanto, novamente segundo Suetônio, Terêncio, cuja extração social não permitia ascensão fácil, teria conseguido acesso ao grande Cecílio Estácio, já idoso (os problemas com essa narrativa envolvem justamente o fato de que ela teria se passado em 166 a.C. e Cecílio teria morrido em 168), durante um banquete, a fim de ler sua primeira peça, *Andria*. De início, por conta de não estar vestido adequadamente, Terêncio teve que sentar-se num banquinho, longe do grande mestre. Após alguns versos, Cecílio o teria convidado a sentar-se à mesa junto com ele.

Essas narrativas biográficas incertas, ainda que provavelmente falsas ou, ao menos, ficcionalizadas, dão conta de uma vida bastante única para um ex-escravo que se torna uma celebridade. Apesar de ter tido problemas com o público (a peça *Hecyra* teve que ser encenada três vezes, pois, nas duas primeiras, o público todo teria debandado a fim de assistir a atrações mais empolgantes dos festivais), Terêncio teria ganhado grande fama e muito dinheiro, por exemplo, com a peça *Eunuco*, que foi encenada duas vezes no mesmo dia.

Suas seis peças, como já dito, foram encenadas em festivais públicos romanos, como os Ludi Megalenses e os Ludi Romani, bem como em festivais fúnebres em honra de pessoas públicas importantes. Assim, segue-se a lista de suas peças, com datas e local de apresentação:

Andria (A moça de Andros)	166 a.C.	Ludi Megalenses
Hecyra I (A sogra)	165 a.C.	Ludi Megalenses
Heauton timoroumenos (O autopunidor)	163 a.C.	Ludi Megalenses
Eunuchus (O eunuco)	161 a.C.	Ludi Megalenses
Phormio (Formião)	161 a.C.	Ludi Romani
Adelphoe (Os irmãos, Adelfos)	160 a.C.	Ludi funebres (Aemilius Paulus)
Hecyra II (A sogra, segunda apresentação)	160 a.C.	Ludi funebres (Aemilius Paulus)
Hecyra III (A sogra, terceira apresentação)	160 a.C.	Ludi Romani

Terêncio e a Comédia Nova

Como todos os outros autores da *palliata*, Terêncio usou como modelos peças dos autores da Comédia Nova grega. De suas peças, quatro provêm de Menandro e duas de Apolodoro de Caristo (com inserções de passagens de Dífilo, por exemplo, nos *Adelfos*). Como de costume na *palliata*, os personagens mantêm nomes gregos, figurino grego, a ação se passa em cidades gregas e os cenários são geralmente uma rua pública diante de duas ou três casas, com passagens para o *backstage* pelas portas das casas e duas saídas laterais, geralmente representando um porto e o fórum da cidade.

Uma das inovações principais de Terêncio foi a exclusão do *argumentum* (espécie de resumo do enredo) dos prólogos, que foram substituídos por polêmicas literárias em que o poeta comenta seu processo de composição, faz referência aos modelos, defende-se de acusações (como a de *contaminatio*, termo que geralmente é interpretado como a mistura de mais de uma peça grega na peça resultante, mas que, no período, tinha simplesmente o sentido de "estragar" alguma coisa, ou a de *furtum*, ou mesmo de ter sido ajudado por seus amigos poderosos na composição de suas peças). O poeta defende-se em estilo retórico, com argumentações de sucesso variado, sem jamais mencionar o nome dos detratores.

Os enredos da Comédia Nova grega normalmente tratam de situações típicas da classe favorecida, apresentando jovens de vinte e poucos anos em suas tentativas de enganar seus pais a fim de conseguirem realização amorosa, o que leva invariavelmente a um final feliz. Diferentemente da Comédia Antiga de Aristófanes, por exemplo, em que o humor se baseia na exposição de personagens famosos reais, como poetas, políticos, filósofos, a Comédia Nova deixa de fazer alusão a figuras públicas e passa a se utilizar desses enredos familiares, criando uma espécie de mundo proto-burguês povoado de escravos, prostitutas, proxenetas, banqueiros, parasitas, formulando padrões de personagens-tipo que serão identificados por sua classe, como *senex, adulescens, meretrix, matrona, leno, virgo, seruus*, o que lhes dá estatuto quase universal através da criação de convenções de atuação, de linguagem, de figurino, entre outros. As situações também passam a ser convencionais, e, a partir da criação e utilização extensiva dessas mesmas convenções, a ser antecipadas e reconhecidas pelo público, que parecia gostar da repetição. No entanto, o esquema das convenções passa a ser cada vez mais objeto de variações mais ou menos sutis, em busca da geração de surpresas e novidades. Terêncio, escrevendo já num período de baixa na criatividade e falta de novos modelos a serem apresentados pela primeira vez, deleita-se em manipular as convenções cênicas e cômicas de modo às vezes bastante sutil, criando em sua produção um modelo de comédia menos espalhafatoso e obviamente cômico, como o de Plauto. Por isso, muitos críticos parecem preferir Plauto a Terêncio, creditando a este um tipo de *éthos* cômico mais comportado, menos engraçado, menos interessante, mais moralizante e sério. Conforme Terêncio passou a receber mais atenção da crítica especializada do século XX em diante,[4] uma nova apreciação de sua produção pode ser vista.

Um dos trabalhos recentes mais importantes a lidar com esta questão é o de Dupont e Letessier (2012), que reavaliam a produção de Terêncio a partir da seguinte premissa:

> Essa concepção de teatro moral e sério é problemática em muitos sentidos. Nós vimos que o teatro em Roma se inscrevia no ritual dos jogos; o fato de as representações teatrais serem oferecidas aos homens e aos deuses tornava seu sucesso necessário. Assim, a ideia de comédias que não seriam realmente cômicas, a ideia de uma *palliata* que não fosse cômica ou, para simplificar, que não fosse um teatro de vanguarda que rompesse com as tradições e expectativas do público é difícil de defender neste contexto (Dupont; Letessier, 2012, p. 178).

Para os autores, o contexto de produção nos *ludi*, os jogos ou festivais públicos em que se apresentavam comédias, mas também apresentações de pugilistas, malabaristas, entre outros, era necessariamente um contexto de performance ritualizada. O festival era público e em honra a algum deus, e, portanto, deveria ser realizado com perfeição em todas as suas etapas, pois, do contrário, não teria *eficácia ritual*. Sua função era criar, *performar* a *concordia deorum* (concórdia dos deuses). Assim, eles analisam a *palliata* como dotada de convenções a fim de se inscrever nos festivais através de uma ortopraxia lúdica, de convenções que necessariamente se instauram juntamente com as representações, durante a performance. No entanto, a criação do ludismo e a manutenção do ritual dependem, para eles, da variação constante dessas convenções, o que, em seus termos, constituiriam *variáveis constantes*.[5] Quanto a Terêncio, a passagem seguinte resume a questão: "Terêncio escreve bem para um teatro codificado: ele joga (*joue*[6]) para produzir um espetáculo que é, ao mesmo tempo, diferente e idêntico com relação ao que o público espera que ele seja" (p. 185).

Assim, Terêncio inscreve-se perfeitamente na tradição ao fazer variarem as convenções, criando um espetáculo que inova ao mesmo tempo em que se mantém tradicional. Para Dupont e Letessier, "não existe modelo no sentido de um sistema normativo, e cada nova peça assemelha-se às outras sem assemelhar-se verdadeiramente" (p. 39) e "nesse sentido, toda a *palliata* pode ser considerada como a reescritura não apenas de uma comédia grega, mas também, e sobretudo, de uma outra comédia romana, pois dela retoma os mesmos códigos" (p. 40). Por isso, Terêncio é ao mesmo tempo conservadoramente paradigmático e revolucionariamente inovador em um gênero que é, necessariamente, convencional e iconoclasta. Suas prostitutas, por vezes, apresentam bom coração e resolvem os imbróglios dos enredos (como na *Sogra*), seus jovens, por vezes, são mais comedidos em seus planos de enganar seus pais e se arrependem (como, de algum modo, Ctêsifo e Ésquino, nos *Adelfos*), sofrem; seus escravos, em alguns casos, têm mais consideração pelos seus senhores e pelas famílias que os adotaram do que qualquer escravo em Plauto (o Geta, nos *Adelfos* é um exemplo paradigmático).

No entanto, ao invés de gerar, com isso, uma comédia por vezes tida como melodramática, edificante, moralizante, entediante e nada engraçada, uma vez que a codificação seja compreendida e internalizada (como o era para todo o público da época), as variações atingem estatuto de enorme sofisticação, gerando, ao contrário, um tipo de comicidade mais irônica, quiçá refinada, do que a mais abertamente farsesca de Plauto, mas nunca efetivamente sem graça.

A peça: *spoiler alert!*

Os Adelfos é uma das peças mais populares de Terêncio, uma típica representante da *palliata*, com suas intrigas, personagens-tipo e comicidade fáceis de agradar. O tema principal foi um estímulo para a boa recepção da peça: em linhas gerais, a peça trata da educação dos jovens através do contraste entre dois tipos de pais, os irmãos Micião e Dêmea, o primeiro jovial, permissivo, urbano, solteirão e o segundo, austero, viúvo, rústico, autoritário, desagradável e opositor dos amores e das liberalidades dos jovens. Ao longo da peça, Terêncio manipula por contraste o modo como a audiência percebe os dois personagens: Micião é agradável e gentil, fácil no trato, mas, ao final da peça, se depara com uma situação que coloca em xeque sua filosofia da educação libertária. Dêmea, ao contrário, é desde sua primeira aparição desagradável, criando o enredo perfeito para que ele possa ser enganado pelo escravo astuto Siro. No entanto, ao final, a revelação de que ele aparentemente sempre esteve errado em seu modo de ser e pensar faz com que Dêmea resolva se transformar (ao menos em aparência) e passe a ser amado por todos, levando Micião à miséria.

Dêmea teve dois filhos, Ésquino e Ctêsifo, e deu o primeiro, mais velho, a Micião em adoção. Ctêsifo foi criado por Dêmea no campo, de acordo com as regras severas impostas pelo pai. No entanto, no desenrolar dos acontecimentos, percebe-se que os dois jovens acabam se tornando típicos *adulescentes* da *palliata*: tornam-se amantes inveterados, e Ésquino, que já engravidara Pânfila, moça pobre, criada pela mãe viúva, Sóstrata, e que não conseguiu até o momento da peça (quando o bebê está para nascer e, de fato, nasce) contar tudo para seu pai, ajuda Ctêsifo a roubar para este uma tocadora de cítara (normalmente as prostitutas na comédia são representadas como musicistas) que pertence a um *leno* (um proxeneta-mercador de escravos), Sanião. Tudo isso com a ajuda do típico *seruus callidus* (escravo sagaz) Siro, que rege a comédia como *architectus doli* (mestre dos enganos), ajudando os dois jovens a manter os pais afastados de suas aventuras e interferindo diretamente no roubo da prostituta. Percebe-se, então, que nenhum dos dois métodos educacionais impediu o destino inexorável de todo jovem de comédia: tornar-se um *adulescens tristis* (jovem infeliz), arrebatado por alguma paixão que gera grandes dificuldades até ser resolvido ao fim, por exemplo, com um casamento.

Quando finalmente Dêmea percebe que não estava a par de toda a verdade da peça (v. 855ss.), em um monólogo revelador e pungente, resolve mudar seu caráter e tornar-se liberal e agradável como seu irmão. A partir de então, passa a tratar todos os personagens que encontra de modo extremamente agradável e arquiteta um plano de vingança contra seu irmão Micião: primeiro, faz com que as casas de Ésquino e Pânfila, que são vizinhos, sejam unidas através da demolição do muro que as separa, o que irrita Micião. Depois, faz com que Micião aceite casar-se com a viúva Sóstrata, o que também o irrita. Adiante, consegue que Micião doe um terreno que alugava para o velho Hegião, amigo das duas famílias, e que age como conciliador na situação da gravidez (e aparente abandono de Pânfila, já que, até certo ponto da peça, todos acreditam que Ésquino roubou a prostituta do *leno* para si, e não para o irmão). Isso também irrita Micião. Por fim, consegue que Micião liberte o escravo Siro e sua esposa, e que lhes dê dinheiro para começarem a vida como libertos. Tudo isso irrita profundamente Micião, que, no entanto, não consegue dizer não. Ao fim, Dêmea revela que fez tudo isso para provar para Micião que sua filosofia libertária não leva a nada, apenas à ruína, e o velho ranzinza termina a peça nas graças dos filhos e do escravo Siro, que passara boa parte do enredo humilhando-o e enganando-o.

Naturalmente, o que parece simples não é, de modo algum. O monólogo pungente de Dêmea, justamente em virtude de ser um monólogo, parece apresentar uma disposição legítima para transformar seu caráter, a fim de ter uma vida melhor. Dizendo essas coisas sozinho no palco, Dêmea, em princípio, por convenção dramática, não poderia estar mentindo. Mas, ao final, percebe-se que tudo não passou de uma artimanha para degolar Micião com seu próprio gládio (v. 958). Dessa forma, a vitória de Dêmea é ambígua: ao usar o gládio de Micião, ele subscreve sua filosofia de vida e assume, de forma metateatral, a *persona* do *pater lenis*, do velho bonachão. A derrota de Micião é, ao mesmo tempo, uma vitória metateatral, já que, ao fim, não é Dêmea que vence, mas a *persona* emprestada do outro que o derrota. Um final assim ambíguo e irônico não poderia deixar de causar grandes discussões críticas, como podemos resumir com as palavras de Augoustakis e Traill (2013, p. 320):

> Pior, a cena final zomba das convenções cômicas, da coerência temática, e da justiça poética ao mesmo tempo, quando Micião, o liberal e tranquilo, é o que recebe a punição, apesar de seu sucesso ao criar o tipo de filho – mais ou menos – que ele se dispôs a criar. Como coloca Johnson, "por que esse paradigma de humanismo clássico foi sujeitado à zombaria selvagem?" (1968, p. 171). O final tem desafiado os produtores e confundido os leitores ao longo dos séculos, incluindo adaptadores posteriores que, sem exceção, reescreveram-no a fim de eliminar a ambiguidade moral.

Creio que seja justamente esse final aberto, essa ambiguidade moral cômica que torne a peça ainda mais interessante, pois não há vencedor para o embate: se Dêmea vence Micião, quem efetivamente vence é o modo de vida de Micião, e não o autoritarismo insuportável do velho ridicularizado ao longo de toda a peça. A leitura do roubo da *persona* que desenvolvi acima é a mais plausível: quando Dêmea se apodera do papel dramático de Micião, do *senex lenis*, ele deixa de ocupar a *persona* de *senex durus*, de modo que essa posição fica vazia. Como em outras peças da *palliata*, essa tomada de *persona* esvazia o ator que a possuía, deixando-o em cena como ator sem personagem.[7] Quem perde a identidade cênica é Micião, que, como ator despido de *persona*, é derrotado por sua antiga *persona*, agora em Dêmea.

Deixo de lado os detalhes restantes do enredo para não estragar as poucas surpresas que restam.

Estilo e performance

Como todos os autores da Comédia Nova, Terêncio escreve suas comédias em versos para serem encenados de modos diferentes. Os senários jâmbicos, adaptados dos trímetros jâmbicos gregos, eram falados sem acompanhamento musical, e são normalmente chamados de *deverbia* ou *diverbia*. Os versos jâmbicos e trocaicos mais longos, como os septenários e octonários, eram acompanhados pela música da tíbia, uma espécie de flauta cujo som estaria mais próximo do atual oboé[8] (também chamados de recitativos ou de *cantica* monométricos) e, em alguns casos, supõe-se que as passagens eram também cantadas e dançadas pelos atores (geralmente passagens polimétricas em versos de tipo variados, os chamados *mutatis modis cantica*, abundantes em Plauto e raríssimos em Terêncio).

Os atores eram todos homens, e a crítica jamais chegou a um consenso sobre o uso das máscaras. Os figurinos indicam os tipos de personagens e se compõem normalmente de peças de vestimentas gregas, como a clâmide (para os viajantes, por exemplo) e o pálio (uma espécie de manto que se usava sobre uma túnica simples).

Esse estilo de representação aparentemente simples também acabava por se enquadrar no sistema fortemente codificado da *palliata*: os três tipos de performance acima alternavam-se em sequências maiores que formavam unidades previsíveis pela audiência. É de Marshall (2006) a proposta de que essas unidades formavam *arcos* performativos reconhecíveis, que, normalmente, tinham a seguinte estrutura:

A (B) C
A = *deverbia*, senários jâmbicos não acompanhados
B = *mutatis modis cantica* (em Plauto) ou passagens longas jambo-trocaicas (em Terêncio)
C = recitativos (geralmente septenários trocaicos)

Isso faz com que, por exemplo, praticamente todas as comédias iniciem-se *deverbia* (não acompanhados) e terminem em recitativos (septenários trocaicos acompanhados da música da tíbia). Esses modos de performance geralmente também correspondem a expectativas convencionais, tais como: passagens em *deverbia* geralmente são expositivas ou explicativas, passagens em recitativos geralmente são mais agitadas e rápidas em termos de ação e passagens em *mutatis modis cantica* são emocionalmente mais elevadas, parodiando, por exemplo, a tragédia.

Sobre o uso desses modos de performance em Terêncio, especificamente nos *Adelfos*, Moore (2012, p. 354) afirma:

> Ao longo da maior parte da peça, [Terêncio] associa ambos os jovens apaixonados a octonários jâmbicos, geralmente reservando os trocaicos para ações, palavras e personagens que se opõem à união

> dos *adulescentes* com a mulher amada. Essa dicotomia suplementa a dicotomia padrão entre os amantes acompanhados [pela tíbia] e personagens de bloqueio desacompanhados. [...] Os amantes e a família de Pânfila (exceto Hegião) cantam a maior parte de seus versos, a maior parte deles em octonários jâmbicos, e não em trocaicos. Dêmea fala a maior parte de seus versos e quase nunca canta em octonários trocaicos. Micião e Siro, ainda que sejam aliados dos amantes, passam a maior parte de seu tempo no palco com Dêmea e – no caso de Micião – apresentando o monólogo expositivo de abertura, então eles falam mais do que cantam e cantam mais [septenários] trocaicos do que octonários jâmbicos. Sânio canta a maior parte de seus versos e canta mais octonários jâmbicos do que [septenários] trocaicos porque ele passa quase todo o seu tempo de palco dialogando com Ésquino e Siro.

Apesar de longa, a passagem resume basicamente toda a estrutura musical-performativa dos *Adelfos* e exemplifica a afirmação anterior de que havia relação direta entre o modo de performance (falado, cantado com instrumento musical ou cantado e dançado) e a estrutura da peça. Isso não se restringe aos *Adelfos,* naturalmente, mas a análise pontual de Moore nos poupa bastante trabalho.

A tradução

A partir do exposto na seção anterior, torna-se mais fácil justificar uma tradução que busque uma emulação rítmico-performativa da peça de Terêncio. A tradução que ora apresentamos, que teve início em 2011 e que se completou em sua primeira versão em 2012, pretende preencher várias lacunas na recepção de Terêncio em língua portuguesa: não há, até onde posso afirmar, nenhuma tradução que se diga poética das obras do poeta, com exceção da tradução em decassílabos do português Leonel da Costa Lusitano das peças *Andria, Eunuco, Heautontimorumenos* e *Adelfos* publicada em 1778.[9] Mesmo traduções em prosa são pouco numerosas e buscam, em geral, produzir comédias que, creio, não conseguem dar conta dos elementos expostos na seção anterior, fundamentais para a apreciação do gênero.

Assim, o que aqui se apresenta é uma comédia em português escrita em versos não convencionais, que visam emular o ritmo e a performance da peça latina através de sistemas rítmicos que podem ser levados ao palco.[10] Os princípios são simples: para os senários jâmbicos, procurei criar um verso com seis ou sete unidades rítmicas jâmbicas fundadas em oposições de sílabas átonas e tônicas. A variação no número de unidades tenta solucionar um problema complexo, que deriva do fato de que uma unidade jâmbica poderia ser substituída por várias unidades métricas diferentes, como os pés espondeus (duas longas), anapestos (duas breves seguidas por uma longa), dátilos (longa seguida por duas breves), tríbracos (três breves), proceleusmáticos (quatro breves), com exceção dos troqueus (longa seguida de breve), o que seria muito difícil de resolver em português sem eliminar a identidade rítmica do verso. O modelo de substituição é apenas aproximativo, uma vez que o latim, como o grego, contava com vogais longas e breves, que fundamentavam a distinção rítmica, sem que, necessariamente, as posições poéticas longas correspondessem às sílabas tônicas ou vice-versa. No entanto, em performance, mesmo as passagens em que uma sílaba que deve ser lida como tônica possa soar um tanto forçada pela leitura em batidas muito marcadas podem ser suavizadas sem prejuízo da *sensação* do ritmo jâmbico. Vejamos um exemplo:

MI: Es**cu**ta um **pou**co **se** não **te in**co**mo**da, **Dê**mea. (seis tônicas)
Pri**mei**ro, **se** o **que** te **mor**de é o **gas**to **to**do (seis tônicas)
que **e**les **fa**zem, **pe**ço **que** con**ti**go **pen**ses: (seis tônicas)
ou**tro**ra **tu** cui**da**vas **de**les **dois** com **teus** re**cur**sos (sete tônicas)
en**tão** pen**sa**vas **que** te**ri**as **o** su**fi**ci**en**te (sete tônicas) 810
em **bens** e a**cha**vas **que** eu **não** me **ca**sa**ri**a. (seis tônicas)

Certas passagens em que as tônicas parecem muito forçadas numa leitura mecânica, como em "en**tão** pen**sa**vas **que** te**ri**as **o** su**fi**ci**en**te", com sílabas normalmente átonas como os monossílabos "que" e "o" e a subtônica "fi" em "suficiente", podem ser realizadas em performance de maneira mais suave, mantendo-se, em uma leitura mais sutil, as outras tônicas, sem que a força jâmbica se perca. O mesmo ocorre, por exemplo, com o pentâmetro jâmbico em inglês, o metro mais comum da língua inglesa, que nem sempre tem as cinco tônicas com a mesma força. O famoso "to be or not to be, that is the question" não precisa ser lido ou performado com a mesma força nas tônicas pares: "to **be** or **not** to **be**, that **is** the **que**stion". Realizações mais sutis e mais eficientes podem envolver apagamento ou suavização de tônicas e deslocamentos, como na seguinte possibilidade de performance: "to **be** or not to **be**, **that** is the **ques**tion".

Dessa forma, esta tradução não pretende guiar o leitor ou o ator a uma leitura maçante que force andamentos totalmente jâmbicos ou trocaicos que possam gerar estranhamento, mas, ao contrário, criar a percepção de que o teatro em versos pode soar bem em performance, num experimento rítmico que, de alguma forma, possibilite a fruição rítmica *em performance*. Por isso, recomendo a leitura em voz alta ou a montagem desta peça, que, infelizmente, ainda não foi realizada.

Para os outros tipos de versos, segui o mesmo princípio: para o septenário trocaico, sete ou oito pés trocaicos; para o octonário jâmbico, oito ou nove pés jâmbicos; para o octonário trocaico, oito ou nove trocaicos.

A única passagem em *mutatis modis cantica* desta peça (de um total de duas em todo o *corpus* de Terêncio) é o lamento de Ésquino em 610-7, composto pela mistura de versos líricos de tendência coriambo-crética (– u u – u –[11]), de extensões variáveis. Para marcar a diferença entre esta passagem e o restante da peça, utilizei-me do recurso ao espaço tipográfico à maneira da poesia moderna, mantendo, no entanto, células coriâmbicas (– u u –) e variações de modo que a passagem pudesse ser cantada.[12]

dói-me **tan**to   **meu** cora**ção**:   610-617
como **po**de de impro**vi**so um mau tão **gra**nde em mim ca**ir**?
como não **sei**   **nem** que fa**rei**
nem como a**gir**   **cer**to não **é**!
os   **mem**bros de **me**do   **dé**beis es**tão**;
a   **men**te me **fo**ge   **tan**to te**mor**,
no cora**ção**   **pla**no ne**nhum**   **ca**be,   **ah!**
como **vou**   **des**ta des**gra**ça   **es**capu**lir**?
tanta sus**pei**-   **ta** agora **de**
mim apa**re**ce   **não** sem ra**zão**:
Sóstrata **crê**-   **me** a mim **mes**mo
tê-la com**pra**do   – **a** cita**ris**ta –
isso a velha me disse.

Aqui, a correspondência rítmica é bem mais impressionística, apoiada em sequências básicas coriâmbicas em variação com passagens créticas. O performer pode, por exemplo, cantar "**men**te me **fo**ge" com a última átona tão suavemente que ela não conte como um tempo do compasso, como Nick Cave faz quando repete a estrutura rítmica crética apoiada na estrutura melódica em seu refrão: "**Foi** na **cruz** / **Foi** na **cruz** / **Que** um **di**(a) / **Seus** pe**ca**(dos) / **cas**ti**ga**(dos) / **em** Je**sus**".

O exemplo serve para balizar as possíveis performances que esta peça possa suscitar, e não como guia fixo de leitura. Assim, o ritmo passa a ser um tipo de variável constante, como defendem Dupont e Letessier (2012) para as outras convenções da *palliata*.

Quanto à dicção poética, procurei explicitamente um tipo de literalismo não calcado no princípio ultrapassado de fidelidade tradutória. Um literalismo como projeto de tradução. Assim, a sintaxe é muitas vezes rebuscada propositalmente, para que o leitor da comédia em português sinta um certo gosto de latim, de estranho, de estrangeiro. Para que a comédia não seja lida como se tivesse sido escrita em português no século XXI. Tendências similares foram aplicadas ao vocabulário, sem que fosse deixado de lado o vocabulário contemporâneo mais cômico, a fim de variar o tom. A tradução segue verso a verso o texto latino, procurando manter a ordem da informação apresentada. Esse estranhamento, no entanto, não deve causar dificuldades ao leitor médio, nem, espero, ao público teatral. A tradução se propõe a ser efetivamente o *script* de uma peça de teatro, de uma comédia, e o literalismo poético, junto com a emulação rítmica, pretendem suscitar uma apreciação estética da peça como poesia, sem jamais deixar de ser teatro. Assim, este é o meu Terêncio, mais um Terêncio, que espera, inclusive, estimular mais tradutores a produzir mais recepções deste poeta como poeta.

Bibliografia comentada

Obras gerais sobre Terêncio

Antony Augoustakis e Ariana Traill editaram o volume *A Companion to Terence*, publicado pela Wiley-Blackwell em 2013. Contando com uma introdução e 25 capítulos, trata-se de bibliografia fundamental para os interessados em aprofundar-se em Terêncio. Todos os capítulos sugerem leituras adicionais e apresentam análises bastante atualizadas.

Sander Goldberg publicou o clássico *Understanding Terence* em 1986, com reedição pela Princeton Legacy Library em 2014. Trata-se de uma obra fundamental para entender o papel de Terêncio na comédia *palliata*, representativa da nova onda de crítica sobre Terêncio.

Obras gerais sobre a comédia *palliata*

W. Beare, *The Roman Stage: A Short History of Latin Drama in the Time of the Republic*, de 1950, é um clássico sobre a comédia latina, apesar de um pouco datado.

George Duckwork, *The Nature of Roman Comedy,* apesar de sua edição original de 1952, é bastante atual no posicionamento a respeito de questões centrais da *palliata*.

Richard Hunter, *A comédia nova da Grécia e de Roma*, publicado originalmente em inglês em 1985 e publicado pela primeira vez em português em 2010 pela Editora da UFPR, com tradução de Rodrigo Tadeu Gonçalves, Guilherme Gontijo Flores e um grupo de alunos como resultado de uma disciplina de graduação, é a única obra de caráter mais geral sobre a Comédia Nova, tanto grega quanto latina, a ter sido publicada em português.

Aurora López e Andrés Pociña, *Comedia Romana*, é uma excelente e abrangente introdução à *palliata* e a outros gêneros dramáticos de Roma, publicado originalmente em espanhol em 2007.

Livros sobre performance, música e convenções dramáticas da *palliata*

Njall Slater, *Plautus in Performance: The Theater of the Mind*, publicado originalmente em 2000, apesar de focar em Plauto, trata de questões centrais sobre teatralidade, performance, metateatralidade e afins na comédia romana.

C. W. Marshall, *Stagecraft and Performance of Roman Comedy*, publicado originalmente em 2006, é um livro fundamental para as questões de performance da comédia romana. Marshall analisa todas as dimensões do teatro da *palliata*, de figurino à música, passando pela estrutura do palco, atores, máscaras, etc.

Timothy Moore, *Music in Roman Comedy*, publicado originalmente em 2012, é o livro mais completo e atualizado sobre métrica, ritmo, música, poeticidade e afins na *palliata*.

Florence Dupont e Pierre Letessier, *Le théâtre romain*, publicado em 2012, traz uma das mais importantes reavaliações das questões ligadas à codificação e ao espetáculo não apenas na *palliata*, mas também na tragédia romana e em outros gêneros dramáticos da Roma antiga.

Marion Faure-Ribreau, *Pour la beauté du jeu: La construction des personnages dans la comédie romaine (Plaute, Térence)*, publicado em 2012, resultado da tese de doutorado da autora, orientado por Florence Dupont, inscreve-se na tradição do livro de Dupont e Letessier, focalizando, no entanto, a construção dos personagens e a noção de *persona* cômica como algo negociável ao longo da encenação.

Edições e comentários das peças de Terêncio

Robert Kauer e Wallace Lindsay, *P. Terenti Afri Comoediae*, publicado em 1926 pela série Oxford Classical Texts é uma das edições mais importantes do texto latino das seis peças. Foi a edição que serviu de base para esta tradução.

R. H. Martin, *Terence: Adelphoe*, é uma edição com comentários publicada pela série Cambridge Greek and Latin Classics em 1976. Trata-se de uma das edições mais importantes e confiáveis do texto com comentário extensivo das passagens latinas.

John Barsby, *Terence* (dois volumes), da Biblioteca Loeb, publicado em 2002, traz traduções e edições atualizadas de todas as comédias de Terêncio.

Bibliografia sobre tradução rítmica de textos antigos

Os seguintes livros, artigos, teses e dissertações apresentam um panorama da questão da tradução rítmica de literatura antiga hoje, especialmente no Brasil.

ANTUNES, C. Leonardo B. *Ritmo e sonoridade na poesia grega antiga: uma tradução comentada de 23 poemas*. São Paulo: Humanitas/Fapesp, 2011.

ANTUNES, C. Leonardo B. *Metro e rítmica nas Odes Píticas de Píndaro*. São Paulo: USP, 2013. Tese (Doutorado em Letras Clássicas), Faculdade de Letras, Universidade de São Paulo, 2013.

BRUNET, Philippe (Ed.). Homère en Hexamètres. *Revue Anabases*, vol. 20, 2014.

CARDOSO, Leandro Dorval. *A vez do verso: estudo e tradução do* Amphitruo, *de Plauto*. Curitiba: UFPR, 2012. Dissertação (Mestrado em Letras) – Setor de Ciências Humanas, Letras e Artes, Programa de Pós-Graduação em Letras, Universidade Federal do Paraná, Curitiba, 2012.

FLORES, Guilherme Gontijo. Tradutibilidades em Tibulo. *Scientia traductionis*, n. 10, 2011.

FLORES, Guilherme Gontijo. (Ed.). Tradução de Poesia. *Scientia Traductionis*, v. 10, 2011.

FLORES, Guilherme Gontijo. *Uma poesia de mosaicos nas* Odes *de Horácio: tradução e comentário*. São Paulo, USP, 2014. Tese (Doutorado em Letras Clássicas) – Faculdade de Letras, Filosofia e Ciências Humanas, Universidade de São Paulo, São Paulo, 2014.

FLORES, Guilherme Gontijo; GONÇALVES, Rodrigo Tadeu. Polimetria latina em português. *Revista Letras*, Curitiba, v. 89, 2014.

FLORES, Guilherme Gontijo; GONÇALVES, Rodrigo Tadeu. Três Traduções Rítmicas: Lucrécio, Catulo e Horácio. *Revista Rónai*, v. 2, n. 1, 2014.

GONÇALVES, Rodrigo Tadeu. Traduções Polimétricas de Plauto: em Busca da Polimetria Plautina em Português. *Scientia Traductionis*, n. 10, 2011.

GONÇALVES, Rodrigo Tadeu. L'hexamètre au Brésil: la tradition de Carlos Alberto Nunes. *Revue Anabases*, v. 20, 2014.

GONÇALVES, Rodrigo Tadeu. Traduire la comédie romaine en vers rythmiques portugais. In: COLLOQUE VOIX, GESTE ET RYTHME DANS LA POÉSIE ANTIQUE ET MODERNE. Rouen, França, 2015.

GONÇALVES, Rodrigo Tadeu. Untimely Translations: The Ideology of Unusual Rhythms in Modern Translations of The Classics. In: CONFERÊNCIA UNTIMELINESS/EXTEMPORANEIDADES, 2015, Londres/Princeton. *Anais*... Londres/Princeton: UFMG/UCL, 2015.

GONÇALVES, Rodrigo Tadeu (Coord.) *et al*. Uma tradução coletiva das *Metamorfoses* 10.1-297 com versos hexamétricos de Carlos Alberto Nunes. *Scientia Traductionis*, n. 10, 2011.

GONÇALVES, Rodrigo Tadeu; CARDOSO, Leandro. A poética da comédia nova Latina. In: *Escamandro*. São Paulo: Patuá, 2014.

GONÇALVES, Rodrigo Tadeu; VIEIRA, Brunno Vinicius Gonçalves. Dossiê Tradução dos Clássicos em Português. *Revista Letras,* v. 89, 2014.

GONÇALVES, Rodrigo Tadeu; FLORES, Guilherme Gontijo. Translation as Classical Reception: "Transcreative" Rhythmic Translations in Brazil. *Framing Classical Reception Studies*. Leiden: Brill. (No prelo.)

GONÇALVES, Rodrigo Tadeu *et al*. Galiambos brasileiros: tradução e performance de Catulo 63. *Translation*, v. 10, 2015.

MARKOWICZ, André. *Le livre de Catulle*. Lausanne: L'âge d'homme, 1985.

NOGUEIRA, Érico. *Verdade, contenda e poesia nos* Idílios *de Teócrito*. São Paulo: Humanitas, 2012.

NOGUEIRA, Érico. Sob a batuta de Horácio: metros horacianos em português, alemão e inglês. In: SIMPÓSIO DE POESIA AUGUSTANA. São Paulo, 2015. Inédito.

OLIVA NETO, João Angelo. The Portuguese Dactylic Hexameter: An Overview. GONÇALVES, Rodrigo Tadeu (Ed.). *New Voices in Classical Reception Studies. Proceedings of the panel Classical Tradition in Brazil: Translation, Rewriting and Reception*. The Open University, Inglaterra. (No prelo.)

OLIVA NETO, João Angelo; NOGUEIRA, Érico. O hexâmetro dactílico vernáculo antes de Carlos Alberto Nunes. *Scientia Traductionis*, Florianópolis, n. 13, p. 295-311, ago. 2013.

TÁPIA, Marcelo. *Diferentes percursos de tradução da épica homérica como paradigmas metodológicos da recriação poética: um estudo propositivo sobre linguagem, poesia e tradução.* São Paulo: USP, 2012. Tese (Doutorado em Teoria Literária e Literatura Comparada) – Faculdade de Filosofia, Letras e Ciências Humanas, Universidade de São Paulo, São Paulo, 2012.

Outras obras citadas na introdução:

AUGOUSTAKIS, Antony; TRAILL, Ariana. Introduction. In: *A Companion to Terence.* Oxônia, Reino Unido: Blackwell, 2013.

BROWN, Peter. Terence and the Greek New Comedy. In: *A Companion to Terence.* Oxônia, Reino Unido: Blackwell, 2013.

GONÇALVES, Rodrigo Tadeu. *Performative Plautus: Sophistics, Metatheater and Translation.* Tyne, Reino Unido: Cambridge Scholars Publishing, 2015.

Notas

[1] Cf. Brown (2013, p. 25 e referências ali contidas).

[2] Esta passagem é brilhante, especialmente por sua conclusão: "quod si personis isdem huic uti non licet:/ qui mage licet currentem servom scribere,/ bonas matronas facere, meretrices malas,/ parasitum edacem, gloriosum militem,/ puerum supponi, falli per servom senem,/ amare odisse suspicari? denique/ nullumst iam dictum quod non dictum sit prius." ("Mas se não lhe for lícito utilizar as mesmas personas: o que mais ele pode escrever senão um escravo atarefado, fazer matronas boas, meretrizes más, parasitas esfomeados, soldados fanfarrões, crianças trocadas, um velho ser enganado por um escravo, amar, odiar, suspeitar? Enfim, não há nada já dito que não tenha sido dito antes.")

[3] Cf. Brown (2013: 20, por exemplo), Duckworth (1952, p. 61-65), entre outras referências.

[4] Como exemplo, cito a seção "Terentian Scholarship", de Augoustakis e Traill (2013), que apresenta a profusão de trabalhos recentes e importantes sobre o poeta, alguns dos quais cito na bibliografia desta introdução.

[5] Veja-se, especialmente, as páginas 39-41 do livro citado.

[6] Sobre a relação do termo *ludus* (jogo, brincadeira, engano, peça de teatro, dança, festival, entre outros) e a questão aqui colocada, veja-se Dupont e Letessier (2012, p. 20-21).

[7] Como defendo em Gonçalves 2015a com relação a Sósia no *Anfitrião* de Plauto. Dupont e Letessier (2012) e Faure-Ribreau (2012) desenvolvem esse tema mais profundamente a partir de exemplos de muitas outras peças.

[8] As referências mais importantes e completas sobre metro, música e performance em Plauto e Terêncio são Marshall (2006) e Moore (2012). Este último apresenta, inclusive, um capítulo inteiro dedicado aos *Adelfos*.

[9] Veja-se, a respeito das traduções poéticas da *palliata*, Cardoso (2012), Gonçalves (2011, 2015a), Flores e Gonçalves (2014a), Gonçalves e Cardoso (2014).

[10] Como inspiração, cito o grupo francês Démodocos, liderado por Philippe Brunet, que anualmente em seu festival Dionysies apresenta tragédias e comédias gregas em traduções rítmicas encenadas com música, canto, dança e figurinos inspirados nos modelos antigos, sem, no entanto, visar aproximações filológicas ou arqueológicas radicais ou ultraconservadoras. No Brasil, fundamos, eu e Guilherme Gontijo Flores, em 2015, inspirados no trabalho do grupo francês, a banda Pecora Loca, que faz o mesmo com traduções de poesia greco-romana em performances musicais.

[11] O sinal "–" corresponde a uma sílaba longa, e "u", a uma sílaba breve.

[12] Em Gonçalves (2015b), analisei a possibilidade de cantar esta passagem com base na melodia da canção "Foi na Cruz", de Nick Cave.

ADELPHOE

(Publius Terentius Afer)

OS ADELFOS

(Públio Terêncio Afro)

TRADUÇÃO POLIMÉTRICA DE Rodrigo T. Gonçalves
EDIÇÃO UTILIZADA: Kauer e Lindsay, Oxford Classical Texts

DIDASCALIA

INCIPIT TERENTI ADELPHOE: ACTA LVDIS FVNEBRIBVS L. AEMILIO PAVLOQVOS FECERE Q. FABIVS MAXVMVS P. CORNELIVS AFRICANVS: EGERE L. AMBIVIUS TVRPIO L. HATILIVS PRAENESTINVS: MODOS FECIT FLACCVS CLAVDI TIBIIS SARRANIS TOTA: GRAECA MENANDRV: FACTA VI M. CORNELIO CETHEGO L. ANICIO GALLO COS.

DIDASCÁLIA

Começa Adelfos, de Terêncio. Encenada nos jogos fúnebres em honra a Lúcio Emílio Paulo, que foram realizados por Quinto Fábio Máximo e Públio Cornélio Africano. Encenaram Lúcio Ambívio Turpião e Lúcio Atílio Prenestino. Flaco Cláudio compôs a música toda em tíbias sarranas. A peça grega é de Menandro. Foi a sexta comédia feita por Terêncio, no consulado de Marco Cornélio Cetego e Lúcio Anício Galo.

PERSONAE

(PROLOGVS)
MICIO SENEX
DEMEA SENEX
SANNIO LENO
AESCHINVS ADVLESCENS
BACCHIS MERETRIX
PARMENO SERVOS
SYRVS SERVOS
CTESIPHO ADVLESCENS
SOSTRATA MATRONA
CANTHARA ANVS
GETA SERVOS
HEGIO SENEX
DROMO PVER
STEPHANIO PVER
PAMPHILA VIRGO
(CANTOR)

DRAMATIS PERSONAE

(Prólogo)
Micião, Velho, irmão de Dêmea
Dêmea, Velho, irmão de Micião
Sânio, Proxeneta
Ésquino, Jovem, filho de Dêmea, filho adotivo de Micião
Báquis, Prostituta
Parmeno, Escravo
Siro, Escravo
Ctêsifo, Jovem, filho de Dêmea
Sóstrata, Matrona, mãe de Pânfila
Cântara, Escrava velha
Geta, Escravo
Hegião, Velho
Dromo, Escravo jovem
Estefânio, Escravo jovem
Pânfila, Virgem
(Cantor)

C. SVLPICI APOLLINARIS PERIOCHA

Duos cum haberet Demea adulescentulos,
dat Micioni fratri adoptandum Aeschinum,
sed Ctesiphonem retinet. hunc citharistriae
lepore captum sub duro ac tristi patre
frater celabat Aeschinus; famam rei, 5
amorem in sese transferebat; denique
fidicinam lenoni eripit. vitiaverat
eidem Aeschinus civem Atticam pauperculam
fidemque dederat hanc sibi uxorem fore.
Demea iurgare, graviter ferre; mox tamen 10
ut veritas patefactast, ducit Aeschinus
vitiatam, potitur Ctesipho citharistriam.

RESUMO DE SULPÍCIO APOLINÁRIO[1]

O velho Dêmea, tendo dois adolescentes,
em adoção a Micião dá Ésquino, o irmão,
mantém porém Ctêsifo, e este, arrebatado
do charme de uma moça, temendo o pai severo,
o irmão o encoberta, mas a fama disso 5
e o amor transfere para si; e finalmente
ao leno rouba-lhe a flautista. O mesmo Ésquino
seduz uma outra pobre moça livre Ática
lhe dando fé de que ia se casar com ela.
Dificilmente suportando, Dêmea se revolta 10
por fim, quando esclarece-se a verdade, Ésquino
desposa a seduzida e o irmão fica com a outra.

PROLOGVS

Postquam poeta sensit scripturam suam
ab iniquis observari, et advorsarios
rapere in peiorem partem quam acturi sumus,
indicio de se ipse erĭt, vos eritis iudices
laudin an vitio duci factum oporteat. 5
Synapothnescontes Diphili comoediast:
eam Commorientis Plautu' fecit fabulam.
in Graeca adulescens est qui lenoni eripit
meretricem in prima fabula: <eu>m Plautus locum
reliquit integrum, <eu>m hic locum sumpsit sibi 10
in Adelphos, verbum de verbo expressum extulit.
<ea>m nos acturi sumu' novam: pernoscite
furtumne factum existumetis an locum
reprehensum qui praeteritu' neglegentiast.
nam quod ĭsti dicunt malevoli, homines nobilis 15
hunc adiutare adsidueque una scribere,
quod ĭlli maledictum vehemens esse existumant,
<ea>m laudem hic ducit maxumam quom illis placet
qui vobis universis et populo placent,
quorum opera in bello in otio in negotio 20
s<uo> quisque tempore usust sine superbia.
de(h)inc ne exspectetis argumentum fabulae,
senes qui primi venient î partem aperient,
in agendo partem ostendent. facite aequanimitas
poetae ad scribendum augeat industriam. 25

PRÓLOGO (A = senários jâmbicos[2])

Depois que o poeta sente que a sua peça
de homens maus foi alvo, e que os adversários[3]
levavam ao pior a peça que ora encenamos,
dará sua defesa, e vós[4] sereis juízes
se o fato ver se deve como vício ou mérito. 5
A peça *Synapothnescontes* de Dífilo
transforma Plauto na *Commorientes*.
Na grega há um jovem que uma moça rouba
do proxeneta no começo; o trecho Plauto
deixou sem lhe tocar, mas este a parte toma 10
e a traduz de verbo a verbo nos *Adelfos*.
E esta nova representaremos: bem julgai
se furto foi ou se a passagem que tomou
por negligência antes fora preterida.
Pois o que dizem tais malévolos, que nobres 15
ajudam-no e com frequência escrevem junto,
o que eles consideram injúria veemente
louvor imenso considera, já que a eles
apraz o mesmo que a vós todos e ao povo,
de cujas obras, tanto em guerra, ócio ou em negócio 20
desfrutam todos em seu tempo sem soberba.
Então não espereis o enredo da comédia,[5]
os velhos que virão primeiro em parte o dão
e interpretando mostram o resto. Que a vossa
benevolência aumente o zelo de sua escrita. 25

ACTVS I

MICIO

Storax! – non rediit hac nocte a cena Aeschinus
neque servolorum quisquam qui advorsum ierant.
profecto hoc vere dicunt: si absis uspiam
aut ibi si cesses, evenire ea satius est
quae in te uxor dicit et quae in animo cogitat 30
irata quam illa quae parentes propitii.
uxor, si cesses, aut te amare cogitat
aut tete amari aut potare atque animo obsequi
et tibi bene esse soli, quom sibi sit male.
ego quia non rediit filius quae cogito et 35
quibu' nunc sollicitor rebu'! ne aut ille alserit
aut uspiam ceciderit aut praefregerit
aliquid. vah quemquamne hominem in animo instituere aut
parare quod sit carius quam ipsest sibi!
atque ex mĕ hĭc natu' non est sed ĕx fratre. is adeo 40
dissimili studiost iam inde ab adulescentia:
egŏ hanc clementem vitam urbanam atque otium
secutu' sum et, quod fortunatum isti putant,
uxorem, numquam habui. ille contra haec omnia:
ruri agere vitam; semper parce ac duriter 45
se habere; uxorem duxit; nati filii
duo; inde ego hunc maiorem adoptavi mihi;
eduxi a parvolo; habui amavi pro meo;
in <eo> me oblecto, solum id est carum mihi.
ille ut item contra me habeat facio sedulo: 50
do praetermitto, non necesse habeo omnia
pro m<eo> iure agere; postremo, alii clanculum
patres quae faciunt, quae fert adulescentia,
ea ne me celet consuefeci filium.
nam qui mentiri aut fallere institerit patrem aut 55

ATO I[6]

MICIÃO (A = senários jâmbicos)

Storax! Não veio do banquete desde ontem Ésquino
e nem os escravinhos que o acompanhavam,
de fato o adágio é verdadeiro: se estás fora ou se
demoras por aí, é bem melhor acontecerem
as coisas que a esposa diz e pensa irada 30
do que aquelas que os pais propícios temem.
A esposa, se demoras, pensa que tu amas
ou que és amado, ou bebes e o que dá na telha fazes
e a ti tudo de bom, enquanto a ela só há mal.
E eu, como meu filho não voltou, que coisas penso, 35
que males me atormentam! Pode ter pegado gripe,
e pode ter caído alhures ou quebrado
um osso. Ah, desgraça um homem decidir
que algo é mais caro a si do que si mesmo!
E esse aí nem é meu filho, mas do irmão. 40
De índole tão diferente desde a infância:
A vida urbana, calma e o ócio preferi –
e o que julgam muito afortunado por aí:
esposa, nunca tive. Ao contrário, ele, tudo:
no campo leva a vida, sempre parco e duro, 45
casou-se, teve seus dois filhos, e o mais velho
dos dois eu adotei pra mim; levei-o embora
de menininho; o tive e amei tal como meu;
só nele me deleito, ele só a mim é caro.
De tudo faço pra que ele faça o mesmo, 50
permito tudo e gasto, e nem obrigo que ele
segundo meu juízo aja; enfim, o que outros
escondem de seus pais – o natural dos jovens –
acostumei que ele nunca omita nada.
Aqueles que ousarem enganar os pais, 55

audebit, tanto magis audebit ceteros.
pudore et liberalitate liberos
retinere satius esse credo quam metu.
haec fratri mecum non conveniunt neque placent.
venit ad me saepe clamităns "quid agi', Micio? 60
quor perdis adulescentem nobis? quor amat?
quor potat? quor tu his rebu' sumptum suggeris,
vestitu nimio indulges? nimium ineptus es."
nimium ipse durust praeter aequomque et bonum,
et errat longe meă quidem sententia 65
qui imperium credat gravius esse aut stabilius
vi quod fit quam illud quod amicitia adiungitur.
mea sic est ratio et sic animum induco meum:
malo coactu' qui suom officium facit,
dum id rescitum iri credit, tantisper cavet; 70
si sperat fore clam, rursum ad ingenium redit.
ill' quem beneficio adiungas ex animo facit,
studĕt par referre, praesens absensque idem erit.
hoc patriumst, potiu' consuefacere filium
suă sponte recte facere quam alieno metu: 75
hoc pater ac dominus interest. hoc qui nequit
fateatur nescire imperare liberis.
sed estne hic ipsu' de quo agebam? et certe is est.
nescioquid tristem video: credo, iam ut solet
iurgabit. salvom te advenire, Demea, 80
gaudemus.

ou mintam, ousarão ainda mais aos outros.
Com liberalidade e pudicícia aos filhos
eu creio que é melhor reter do que com medo.
Tais coisas não agradam nem convêm ao meu irmão.
A mim aos gritos sempre vem: "Que fazes, Micião? 60
Por que nos perde o jovem filho? Está amando?
Por que ele bebe? Tantos gastos pois dispende?
Por que dás tanto para roupas? És inepto!"
O próprio é muito duro, além do justo e bom.
E erra longe da minha máxima sentença, 65
pois crê que a autoridade à força é mais estável
e grave do que aquela que a amizade traz.
Assim é meu pensar e assim conduzo o espírito:
Aquele que só faz o seu ofício coagido,
enquanto crê que vai ser descoberto, teme; 70
se espera não ser pego, logo volta ao ímpeto.
Aquele a quem o benefício trazes, voluntário
esforça-se em ser justo, estejas lá ou não.
Assim, dever do pai é acostumar o filho
a agir corretamente por vontade, e não por medo: 75
é isso que distingue o pai e o senhor.[7]
Quem não puder, confesse não saber ser pai.
Não vem lá ele sobre quem falava? É ele!
Vem meio perturbado. E creio, como sói,
já vai brigar. Alegra-nos que a salvo venhas, 80
ó Dêmea.[8]

DEMEA MICIO

DE. Ehem ŏpportune: tĕ ĭpsum quaerito.
MI. quid tristis es?
DE. rogas me ubi nobis Aeschinus
siet? quid tristis ego sum?
MI. dixin hoc fore?
quid fecit?
DE. quid ĭlle fecerit? quem neque pudet
quicquam neque metuit quemquam neque legem putat 85
tenere se ullam. năm ĭlla quae ante(h)ac facta sunt
omitto: modo quid dissignavit?
MI. quidnam id est?
DE. fores effregit atque in aedis inruit
alienas; ipsum dominum atque omnem familiam
mulcavit usque ad mortem; eripuit mulierem 90
quăm amabat: clamant omnes indignissume
factum esse. hoc advenienti quot mihi, Micio,
dixere! in orest omni populo. denique,
si conferendum exemplumst, non fratrem videt
r<ei> dare operam, ruri esse parcum ac sobrium? 95
nullum huiu' simile factum. haec quom illi, Micio,
dico, tibi dico: tŭ ĭllum corrumpi sinis.
MI. homine imperito numquam quicquam iniustiust,
qui nisi quod ipse fecit nil rectum putat.
DE. quorsum istuc?
MI. quia tu, Demea, haec male iudicas. 100
non est flagitium, mihi crede, adulescentulum
scortari neque potare: non est; neque fores
effringere. haec si neque ego neque tu fecimus,
non siit egestas facere nos. tu nunc tibi
id laudi duci', quod tum fecisti inopia? 105
iniuriumst; nam si esset unde id fieret,
faceremus. et tŭ ĭllum tuom, si esses homo,
sineres nunc facere dum per aetatem decet
potius quam, ubi te exspectatum eiecisset foras,
alieniore aetate post faceret tamen. 110

MICIÃO E DÊMEA[9]

DÊ: Que oportuno! Procurava a ti.
MI: Por que estás triste?
DÊ: Tu perguntas onde Ésquino
está? Por que estou triste?
MI: (*à parte*[10]) Viram? Eu não disse?
Que foi que fez?
DÊ: Que foi que fez? Não tem vergonha
Nem medo de ninguém nem nunca lei nenhuma 85
observa. Pois omito tudo aquilo de antes
que ele fez. E agora o que aprontou?
MI: O quê?
DÊ: Quebrou as portas e irrompeu em casa alheia.
Espanca o próprio dono e toda sua família
até a morte, quase. A moça que amava, 90
raptou: e todos clamam que é indigníssimo
o feito dele. Quantos, Micião, narraram
o feito enquanto eu vinha. Está na voz do povo.
Por fim, se deve ver o exemplo, não vê ele
o irmão cuidar das coisas lá no campo, parco e sóbrio? 95
E em nada é parecido. E o que digo dele
de ti digo também: que o deixas corromper.
MI: A um homem imperito só não é injusto,
aquilo que ele fez, mais nada julga certo.
DÊ: Pra que isso agora?
MI: Pois tu, ó Dêmea, julgas mal. 100
Não é um flagelo, creia, que os adolescentes
putanhem ou que bebam: não; nem mesmo que eles
destruam portas. Se nem eu nem tu fizemos
tais coisas, foi porque a pobreza o impediu.
Louvor teu julgas o que a falta conseguiu? 105
Injúria! Pois se houvesse de onde usar recursos,
faríamos. E tu, se fores homem, deixa
o teu fazer as coisas que convêm à idade agora
em vez de só depois que ele te mandar pra fora
de casa, já com idade imprópria a tais comportamentos. 110

DE. pro Iuppiter, tŭ homo adigi' mĕ ad insaniam!
non est flagitium facere haec adulescentulum? *MI.* ah
ausculta, ne me optundas de hac re saepius:
t<uo>m filium dedisti adoptandum mihi;
is meus est factu': siquid peccat, Demea, 115
mihi peccat; ego ĭlli maxumam partem fero.
opsonat potat, olet unguenta: de meo;
amăt: dabitur a me argentum dŭm erit commodum;
ubi non erit fortasse excludetur foras.
fores effregit: restituentur; discidit 120
vestem: resarcietur; et – dis gratia –
e<s>t unde haec fiant, et adhuc non molesta sunt.
postremo aut desine aut cedo quemvis arbitrum:
te plura in hac re peccare ostendam.
DE. ei mihi,
pater esse disce ab aliis qui vere sciunt. 125
MI. natura tŭ ĭlli pater es, consiliis ego.
DE. tun consulis quicquam?
MI. ah, si pergis, abiero.
DE. sicin agis?
MI. an ego totiens de <ea>
dem re audiam?
DE. curaest mihi.
MI. et mihi curaest. verum, Demea,
curemus aequam uterque partem: tu alterum, 130
ego item alterum; nam ambos curare propemodum
reposcere illumst quem dedisti.
DE. ah Micio!
MI. mihi sic videtur.
DE. quid ĭstic? si tibi ĭstuc placet,
profundat perdat pereat; nil ad me attinet.
iam si verbum unum posthac . .
MI. rursum, Demea, 135
irascere?
DE. an non credi'? repeto quem dedi?
aegrest; alienu' non sum; si obsto. . em desino.
unum vis curem: curo; et est dis gratia

DÊ: Por Júpiter, me levas à loucura, homem!
Pois isso tudo não é flagelo ao jovenzinho?
MI: Escuta! Não martele meus ouvidos tantas vezes:
teu filho deste a mim para adoção; então,
tornou-se meu; se acaso em algo peca, Dêmea, 115
a mim, pois, peca. E eu suporto a maior parte.
Se gasta, bebe, cheira bem: sou eu que pago;
se ama: dar-se-á dinheiro enquanto for
possível. Quando não, talvez o mande embora.
Chutou as portas: restituam-se! Rasgou 120
vestidos: vai-se ressarcir – graças aos deuses –
recursos há, e ainda nada foi molesto.
Por fim desiste ou pede um árbitro qualquer:
te provo errar quanto a essas coisas.
DÊ: Ai de mim!
Aprende a ser um pai com os que sabem mesmo. 125
MI: Por natureza és o pai, eu por conselhos.
DÊ: Tu aconselhas algo?
MI: Se não paras, vou-me.
DÊ: Assim procedes?
MI: Quantas vezes ouvirei
a mesma coisa?
DÊ: Eu me preocupo.
MI: Eu também.
Cuidemos cada qual da sua parte. Tu 130
do teu, e eu do meu. Cuidar dos dois é como
pedir de volta aquele que me destes.
DÊ: Ah!
MI: Assim parece-me.
DÊ: O quê? Se isto te agrada,
pereça perca verta; não me diz respeito.
Mas se uma palavrinha só...
MI: De novo, Dêmea 135
revoltas-te?
DÊ: Não crês? Repeço o que te dei?
É duro; alheio nunca sou; se impeço... chega.
Desejas que eu cuide de um, eu cuido, e ele

quom ita ut volo est. iste tuos ipse sentiet
posteriu'. . nolo in illum graviu' dicere. 140

MICIO

nec nil neque omnia haec sunt quae dicit: tamen
non nil molesta haec sunt mihi; sed ŏstendere
me aegre pati illi nolui. năm itast homo:
quom placo, advorsor sedulo et deterreo;
tamĕn vix humane patitur; verum si augeam 145
aut etiam adiutor si<e>m ĕius iracundiae,
insaniam profecto cŭm ĭllo. etsi Aeschinus
non nullam in hac re nobis facit iniuriam.
quăm hĭc non amavit meretricem? aut quoi non dedit
aliquid? postremo nuper (credo iam omnium 150
taedebat) dixit velle uxorem ducere.
sperabam iam defervisse adulescentiam:
gaudebam. ecce autem de integro! nisi, quidquid est,
volŏ scire atque hominem convenire, si apŭd forumst.

é como eu quis, graças aos deuses. E este teu
depois se vê. Não digo contra ele nada mais. 140

MICIÃO

Nem nada ou tudo é como ele diz: no entanto,
não deixa de me molestar; não quis mostrar
a ele que por isso sofro. Assim é o homem:
embora o aplaque, oponha-me e detenha, ainda
mal porta-se de modo humano; e se dou trela 145
ou mesmo ajudo o aumento de sua iracúndia,
com ele fico louco. Mesmo que meu Ésquino
não pouca injúria faça a nós nesta questão.
Pois não amava a meretriz? A ela algo não deu?
E mais recentemente (creio que de tudo 150
se entediava) disse que ia se casar.
Contava já defervescer a adolescência:
e me alegrava. Eis, de novo! O que for,
já vou saber, terei com ele lá no fórum.

ACTVS II

SANNIO AESCHINVS PARMENO (BACCHIS)

SA. Obsecro, populares, ferte misero atque innocenti auxilium, 155
subvenite inopi.
AE. otiose: nunciam ilico hic consiste.
quid respectas? nil periclist: numquam dum ego adero hic te tanget.
SA. ego ĭstam invitis omnibus.
AE. quamquamst scelestu' non committet hodie umquam iterum ut vapulet.
SA. Aeschine, audi ne te ignarum f<ui>sse dicas m<eo>rum morum: 160
leno ego sum.
AE. scio.
SA. at ita ut usquam f<ui>t fide quisquam optuma.
tu quod te posteriu' purges hanc iniuriam mi nolle
factam esse, hui(u)s non faciam. crede hoc, ego meum ius persequar
neque tu verbis solves umquam quod mihi re male feceris.
novi ego vostra haec: "nollem factum: iusiurandum dabitur te esse 165
indignum iniuria hac" – indignis quom egomet sim acceptus modis.
AE. abĭ prae strenue ac forĕs aperi.
SA. ceterum hoc nihili facis?
AE. ĭ ĭntro nunciăm.
SA. enĭm non sinam.
AE. accede illuc, Parmeno
(nimium istoc abisti), hic propter hunc adsiste: em sic volo.
cavĕ nunciam oculos a meĭs oculis quoquam demoveas tuos 170
ne mora sit, si innuerim, quin pugnu' continuo in mala haereat.
SA. istuc volo ergo ipsum experiri.
AE. em serva.
PA. omitte mulierem.
SA. o facinus indignum!
AE. geminabit nisi caves.

ATO II

SÂNIO, ÉSQUINO, PARMENO E (BÁQUIS)
(B = versos longos trocaicos e jâmbicos de extensão variável[11])

SÂ: Povo, imploro, dai auxílio a este pobre e inocente! 155
Socorrei ao sem recursos!
ÉS: (*a Báquis*[12]) Salva estás: cá permaneças.
Não há que temer: ele não toca em ti se eu cá estiver.
SÂ: Pego ela a contragosto.
ÉS: Embora seja um monstro, teme que de novo apanhe hoje.
SÂ: Ésquino, pra que não digas que não me conheces bem: 160
um leno eu sou.
ÉS: Eu sei.
SÂ: Mas nunca houve algum de fé tão boa.
Não me importo se depois vieres desculpar-te por
teres feito tal injúria a mim. Direitos buscarei.
Não esperes com palavras te livrar dos males
que fizeste. Já sei todas: "Foi sem intenção: recebe 165
o juramento de ter sido indigno desta injúria" e eu sou tratado assim.
ÉS: (*a Parmeno*) Vai lá abrir a porta.
SÂ: Então?
Nada fazes?
ÉS: (*a Báquis*) Já pra dentro.
SÂ: Não permitirei.
ÉS: Mais pra cá, Parmeno. Fica junto deste. Isso.
Agora cuida de me olhar nos olhos e não desviar 170
pra que, se eu acenar, lhe pregue a mão na cara sem demora.
SÂ: Ah, isso eu quero mesmo ver.
ÉS: Cuidado!
PA: Larga essa mulher!
SÂ: Ó crime indigno!
ÉS: Cuida, ou ele dobrará.

SA. ei, miseriam!
AE. non innueram; verum in ĭstam partem potiu' peccato tamen.
i nunciam. –
SA. quid hŏc reist? regnumne, Aeschine, hic tu possides? 175
AE. si possiderem, ornatus esses ex tuis virtutibus.
SA. quid tibi r<ei> mecumst?
AE. nil.
SA. quid? nostin qui sim?
AE. non desidero.
SA. tetigin tuĭ quicquam?
AE. si attigisses, ferres infortunium.
SA. qui tibi magis licet m<ea>m habere pro qua ego argentum dedi?
responde.
AE. ante aedis non fecisse erĭt melius hic convicium; 180
nam si molestu' pergis esse, iam intro abripiere atque ibi
usque ad necem operiere loris.
SA. loris liber?
AE. sic erit.
SA. ŏ hominem inpurum! hicin libertatem aiunt esse aequam omnibus?
AE. si sati' iam debacchatus es, leno, audi si vis nunciam.
SA. egŏn debacchatu' sum autem an tŭ ĭn me?
AE. mitte ista atque ad rem redi. 185
SA. quam rem? quo redeam?
AE. iamne me vis dicere id quod ăd te attinet?
SA. cupio, modo aequi aliquid.
AE. vah leno iniqua me non volt loqui.
SA. leno sum, fateor, pernicies communis adulescentium,
periuru', pesti'; tamĕn tibi a me nulla est orta iniuria.
AE. nam hercle etiam hoc restat.
SA. illuc quaeso redĭ quo cọepisti, Aeschine. 190
AE. minis viginti tŭ ĭllam emisti (quae res tibi vortat male!):
argenti tantum dabitur.
SA. quid si ego tibi ĭllam nolo vendere?
coges me?
AE. minime.
SA. namque id metui.
AE. neque vendundam censeo

SÂ: Mas que miséria!
ÉS: (*a Parmeno*) Não acenei. Mas quanto a isso é sempre bom errar pra mais.
Agora vai.
SÂ: Que é isso, Ésquino? Será que és rei aqui? 175
ÉS: Se fosse um rei, ornava-te de acordo com as tuas virtudes.
SÂ: Que tens tu contra mim?
ÉS: Eu? Nada.
SÂ: Sabes quem eu sou?
ÉS: Não quero.
SÂ: Peguei algo que é teu?
ÉS: Se pegas, ganharias o infortúnio.
SÂ: Por que tu mais mereces ter aquilo que paguei com prata?
Responde.
ÉS: Pare com escândalo em frente à minha porta. 180
Se insistes ser molesto, logo levo-te pra dentro, e lá
verás chibata até quase morrer.
SÂ: Chibata a um cidadão?
ÉS: É isso aí.
SÂ: Impuro! Aqui, onde pra todos, dizem, há a mesma liberdade?
ÉS: Já acabou de enlouquecer? Escuta.
SÂ: Enlouqueci? Ou tu a mim?
ÉS: Mas deixa disso e volta ao tema. 185
SÂ: Que tema? Onde?
ÉS: Queres que eu te diga o que te diz respeito?
SÂ: Pois sim, se justo.
ÉS: Ui, ao leno desagrada a coisa injusta!
SÂ: Sou leno sim, confesso. A ruína dos adolescentes,
perjuro, peste; a ti, porém, de mim não veio injúria alguma.
ÉS: Mas era só o que me faltava.
SÂ: Por favor, de volta ao ponto. 190
ÉS: Por vinte minas a compraste (volte como um mal a ti!):
o mesmo tanto se dará.
SÂ: Mas e se eu não quiser vender?
Coages-me?
ÉS: Que nada!
SÂ: Pois temia.
ÉS: Nem eu acho que ela

quae liberast; nam ego liberali illam adsero causa manu.
nunc vide utrum vis, argentum accipere an causam meditari tuam. 195
delibera hoc dum ego redeo, leno.

SANNIO

pro supreme Iuppiter,
minime miror qui insanire occipiunt ex iniuria.
domŏ me eripuit, verberavit; mĕ ĭnvito abduxit meam
(ob male facta haec tantidem emptam postulat sibi tradier);
homini misero plus quingentos colaphos infregit mihi. 200
verum enĭm quando bene promeruit, fiat: s<uo>m ius postulat.
age, iam cupio si modo ărgentum reddat. sed ego hŏc hariolor:
ubi me dixero dare tanti, testis faciet ilico
vendidisse me; dĕ ărgento – somnium: "mox; cras redi."
id quoque possum ferre si modo reddat, quamquam iniuriumst. 205
verum cogito id quod res est: quando <eu>m quaestum occeperis,
accipiunda et mussitanda iniuria adulescentiumst.
sed nemo dabit – : frustra egomet mecum has rationes puto.

SYRVS SANNIO

SY. Tace, egomet conveniam iam ipsum: cupide accipiat faxo atque etiam
bene dicat secum esse actum. – quid ĭstuc, Sanniost quod te audio 210
nescioquid concertasse cŭm ero?
SA. numquam vidi iniquius
certationem comparatam quam haec hodie inter nos fuit:
ego vapulando, ill' verberando, usque ambo defessi sumus.
SY. tua culpa.
SA. quid agerem?
SY. adulescenti morem gestum oportuit.
SA. qui potui meliu' quĭ hodie usque os praebui?
SY. age, scis quid loquar: 215
pecuniam in loco neglegere maxumum interdumst lucrum. hui
metuisti, si nunc de t<uo> iure concessisses paullulum atque
adulescenti esses morigeratus, hominum homo stultissime,
ne non tibi istuc feneraret?

pode ser vendida, já que é livre. Entro com processo
e com a mão a torno livre. Agora vê o que preferes: 195
dinheiro ou ir à corte. Pensa até que eu volte.

SÂNIO (C = septenários trocaicos)

Supremo Júpiter!
Não me espantam os que ficam loucos por injúrias.
Arrancou de casa e me espancou; tirou-ma à força
(Pelo mesmo tanto que paguei exige a moça);
Mil sopapos infringiu a este pobre homem. 200
Já que bem merece, seja: exige o seu direito.
Tudo bem, se ao menos me pagar. Mas profetizo:
Quando me disser que vai pagar, arrumará
testemunhas de que eu já vendi. A grana, sonho:
"Volte logo". Posso até aguentar se receber, 205
mesmo sendo indigno. Mas a coisa é assim: se entras
neste ramo, aceitam-se dos jovens as injúrias.
Não recebo... Em vão eu considero os argumentos.

SIRO E SÂNIO (B = octonários trocaicos e jâmbicos)

SI: Cale-se que já o encontro. Faço com que aceite bem
e até que diga que foi bem tratado. (*a Sânio*) Sânio, que é que ouvi, 210
sei lá, que querelaste com meu amo.
SÂ: Nunca vi querela
que fosse mais injusta que essa que houve hoje entre nós;
eu apanhando, ele batendo até que ambos nos cansamos.
SI: A culpa é tua.
SÂ: Minha?
SI: Deve-se indulgir aos jovenzinhos.
SI: Que mais podia eu que hoje até lhe dei a cara?
SI: Vai, me escuta: 215
às vezes melhor lucro é dar pouca importância pro dinheiro.
Temeste, ao deixar de lado um tantozinho os teus direitos,
e ao ser indulgente ao jovem, ó dos homens o mais burro,
que não terias lucro?

SA. ego spem pretio non emo.
SY. numquam rem facies: abĭ, nescis inescare homines, Sannio. 220
SA. credo istuc melius esse; verum ego numquam adeo astutus fui
quin quidquid possem mallem auferre potius in praesentia.
SY. age, novi tuom animum: quasi iam usquam tibi sint viginti minae
dum huic obsequare; praeterea autem te aiunt proficisci Cyprum. *SA.* hem.
SY. c<oe>misse hinc quaĕ ĭlluc veheres multa, navem conductam: hoc, scio, 225
animu' tibi pendet. ubi ĭllinc, spero, redieris tamen, hoc ages.
SA. nusquam pedem! perii hercle: hac illi spĕ hŏc inceperunt.
SY. timet:

inieci scrupulum homini.
SA. o scelera: illuc vide
ut in ĭpso articulo oppressit. emptae mulieres
complures et item hinc alia quae porto Cyprum. 230
nisi eo ad mercatum venio, damnum maxumumst.
nunc si hoc omittō –, actum agam ubi ĭllinc rediero;
nil est; refrixerit res – "nunc demum venis?
quor passu's? ubi eras?" – ut sit satius perdere
quăm hĭc nunc manere tam diu aut tum persequi. 235
SY. iamne enumerasti quot ăd te rediturum putes?
SA. hoccin ĭllo dignumst? hoccin incipere Aeschinum,
per ŏppressionem ut hanc mi eripere postulet!
SY. labascit: unum hoc habeo. vidĕ si sati' placet:
potius quam venias in periclum, Sannio, 240
servesne an perdas totum, dividuom face;
minas decem conradet alicunde.
SA. ei mihi,
etiam de sorte nunc venio in dubium miser?
pudet nil? omnis dentis labefecit mihi,
praeterea colaphis tuber est totum caput: 245
etiam insuper defraudet? nusquam abeo.
SY. ut lubet. numquid vis quin abeam?
SA. immo hercle hoc quaeso, Syre:

SÂ: Eu não compro esperanças.
SI: Não,
nem nunca irás: ô Sânio, tu não sabes agradar os homens. 220
SÂ: Assim acho melhor: de fato nunca fui astuto ao ponto
que não pudesse e preferisse ter as coisas mais à mão.
SI: Conheço teu caráter: como se não conseguisse fácil
as vinte minas para lhe agradar; ouvi que vais ao Chipre.
Daqui juntou as coisas pra levar, a barca está montada: 225
e isso pesa em teu espírito. Na volta, espero, cuidas
da coisa.
SÂ: Não arredo o pé! Morri! Já começaram!
SI: Teme:

(A = senários jâmbicos)

joguei a pedra no sapato.
SÂ: Ó crimes, vejam
agora a situação. Mulheres já compradas
e as outras coisas muitas que transporto ao Chipre. 230
Se não venho ao mercado, o prejuízo é máximo.
Se deixo quieto, só vou resolver na volta.
E nada sobra, tudo esfria. – "Enfim voltaste?
Estavas onde? O que passou?" Melhor perder
Do que ficar aqui e só então o acerto. 235
SI: Já calculaste quanto esperas receber?
SÂ: Ai! Isso é digno? Ésquino, por opressão
decide que ela seja a mim arrebatada?
SI: (*à parte*) Amansa. (*a Sânio*) Só mais isso: vê se agrada a ti:
Melhor que estares em perigo, Sânio, cuida-te 240
ou percas tudo: faz já só pela metade;
dez minas ele arranja por aí.
SÂ: Aiai!
Eu, pobre, do quinhão até já não sou certo?
Não tem vergonha? Amoleceu-me os dentes todos,
e mais, o crânio, em golpes, fez-me todo em galos: 245
pior, defrauda-me? Não vou a parte alguma.
SI: Conforme queiras. Algo mais?
SÂ: Só peço isso:

utut haec sunt acta, potiu' quam litis sequar,
meum mihi reddatur saltem quanti emptast, Syre.
sciŏ te non usum ante(h)ac amicitia mea: 250
memorem me dices esse et gratum.
SY. sedulo
faciam. sed Ctesiphonem video: laetus est
dĕ amica.
SA. quid quod te oro?
SY. paullisper mane.

CTESIPHO SANNIO SYRVS

CT. Abs quivis homine, quom est opus, beneficium accipere gaudeas;
verum enĭmvero id demum iuvat si quem aequomst facere is bene facit. 255
o frater, frater, quid ego nunc te laudem? sati' certo scio,
numquam ita magnifice quicquam dicam id virtus quin superet tua.
itaque unam hanc rem mĕ habere praeter alios praecipuam arbitror,
fratrem, hominem neminem esse primarum artium mage principem.
SY. o Ctesipho.
CT. o Syre, Aeschinūs ubĭst?
SY. ellum, te exspectat domi. 260
CT. hem.
SY. quid ĕst?
CT. quid sit? illi(u)s opera, Syre, nunc vivo. festivom caput;
quin omnia sibi post putarit esse prae m<eo> commodo;
maledicta famam m<eu>m laborem et peccatum in se transtulit.
nil pote supra. quidnam fori' crepuit?
SY. manĕ mane: ipse exit foras.

AESCHINVS CTESIPHO SYRVS SANNIO

AE. Vbi est ill' sacrilegus?
SA. me quaerit. num quid nam ecfert? occidi: 265
nil video.
AE. ehem opportune: te ipsum quaero: quid fit, Ctesipho?
in tutost omni' res: omitte vero tristitiem tuam.
CT. ego ĭllam hercle vero omitto quiquidem te habeam fratrem: o mi Aeschine,

Já que é assim, melhor que ir a litígio, Siro,
que dê-se a mim o preço que paguei por ela.
Eu sei que não tiveste minha amizade: 250
verás que lembrarei de ser-te grato.
SI: Faço,
se eu puder. Mas vejo Ctêsifo feliz
co'a moça.
SÂ: E aquilo que pedi?
SI: Um minutinho.

CTÊSIFO, SÂNIO E SIRO (B = octonários jâmbicos)

CT: É gáudio benefício receber de quem que seja;
verdade verdadeira, apraz se alguém faz bem o que se deve. 255
Ó mano, mano, como não te louvo? Sei de fato bem,
jamais haver magnífica virtude que supere a tua.
Assim tal coisa julgo preceder a todas outras, mano,
e nem ninguém mais mestre em artes principais que tu.
SI: Ó, Ctêsifo!
CT: Ó Siro, Ésquino, onde está?
SI: Espera em casa. 260
CT: Aiai.
SI: O quê?
CT: Que foi? Se vivo é só por causa de seu gênio;
que tudo seu deixou de lado em prol do meu conforto;
maledicência, a fama, o erro e minha arte a si transfere.
Ninguém supera. Mas crepita a porta?
SI: Espera: é ele que sai!

ÉSQUINO, CTÊSIFO, SIRO E SÂNIO

ÉS: Onde é que 'tá o safado?
SÂ: Me procura. O que me tira? Morro: 265
não vejo nada.
ÉS: Ah, que oportuno: a ti procuro, irmão: que mandas?
tá tudo sob controle: omite mesmo essa tristeza tua.
CT: Eu a omito mesmo, já que tenho a ti de irmão: ó Ésquino,

o mi germane! ah vereor coram in os te laudare amplius,
ne id adsentandi mage quam quo habeam gratum facere existumes. 270
AE. age, inepte, quasi nunc non norimu' nos inter nos, Ctesipho.
hoc mihi dolet, nos paene sero scisse et paene in eum locum
redisse ut, si omnes cuperent, nil tibi possent auxiliarier.
CT. pudebat.
AE. ah stultitiast istaec, non pudor. tăm ŏb parvolam
rem paene e patria! turpe dictu. d<eo>s quaeso ut ĭstaec prohibeant. 275
CT. peccavi.
AE. quid ait tandem nobis Sannio?
SY. iam mitis est.
AE. ego ad forum ibo ut hunc absolvam; tŭ ĭntro ad illam, Ctesipho.
SA. Syre, insta.
SY. eamu'; namque hic properat in Cyprum.
SA. ne tam quidem
quam vis: etiam maneo otiosus hic.
SY. reddetur; ne time.
SA. at ut omne reddat.
SY. omne reddet; tacĕ modo ac sequere hac. 280
SA. sequor. –
CT. heus heus Syre.
SY. em quid ĕst?
CT. obsecro hercle te, hominem
[istum inpurissimum
quam primum absolvitote ne, si magis irritatus siet,
aliqua ad patrem hoc permanet atque ego tum perpetuo perierim.
SY. non fiet; bono animo esto; tu cŭm ĭlla intu' te oblecta interim
et lectulos iubĕ sterni nobis et parari cetera. 285
ego iam transacta re convortam me domum cum opsonio.
CT. ita quaeso. quando hoc bene successit, hilare[m] hunc sumamus diem.

ó meu irmão! ah, temo te louvar demais perante a face,
pra não pensares que te puxo o saco mais do que eu devia. 270
ÉS: Inepto, vai, até parece que entre nós não somos íntimos.
O que me dói é nós por pouco não nos termos conhecido
e quase teres lá voltado onde ninguém podia te ajudar.
CT: Vergonha.
ÉS: Ah, isso é estultícia, pudicícia não, por coisa
pequenininha. Torpe dito. Peço aos deuses que proíbam. 275
CT: Pequei.
ÉS: Que diz enfim a nós o Sânio?
SI: Já 'tá mitigado.
ÉS: Eu vou ao fórum tudo resolver; tu, lá pra dentro co'ela.
SÂ: Insiste, Siro!
SI: Vamos, este aqui se apressa ao Chipre.
SÂ: Calma!
ainda espero aqui ocioso.
SI: Vai-se devolver, não temas.
SÂ: Mas tudo se devolva!
SI: Tudo. Agora quieto e siga aqui. 280
SÂ: 'Tá bem.
CT: Ó Siro, salve!
SI: Quem?
CT: Imploro que este homem impuríssimo
o quanto antes se absolva pra que não, caso irritado,
alguma coisa ao pai deixe vazar e eu morra para sempre.
SI: Não vai. Fica tranquilo. Vai e te deleita lá com ela
enquanto manda preparar uns leitos e o restante a nós. 285
Transada a coisa toda, eu volto para casa com os víveres.
CT: Assim desejo. Já que bem sucede, um dia alegre eu curto.

ACTVS III

SOSTRATA CANTHARA

SO. Obsecro, mea nutrix, quid nunc fiet?
CA. quid fiet, rogas?
recte edepol spero. modo dolores, mea tu, occipiunt primulum:
iam nunc times, quasi numquam adfueris, numquam tute pepereris? 290
SO. miseram me, neminem habeo (solae sumu'; Geta autem hic non adest)
nec quem ad obstetricem mittam, nec qui accersat Aeschinum.
CA. pol is quidem iăm hĭc aderit; nam numquam unum intermittit diem
quin semper veniat.
SO. solu' m<ea>rum miseriarumst remedium.
CA. e re nata meliu' fieri haud potuit quam factumst, era, 295
quando vitium oblatumst, quod ad illum attinet potissimum,
talem, tali genere atque animo, natum ex tanta familia.
SO. ita pol est ut dici': salvo' nobis d<eo>s quaeso ut siet.

GETA SOSTRATA CANTHARA

GE. Nunc illud est quom, si omnia omnes sua consilia conferant
atque huic malo salutem quaerant, auxili nil adferant, 300
quod mihique eraeque filiaeque erilist. vae misero mihi!
tot res repente circumvallant se unde emergi non potest:
vis egestas iniustitia solitudo infamia.
hoccin saeclum! o scelera, o genera sacrilega, ŏ hominem inpium!
SO. me miseram, quidnam est quod sic video timidum et properantem Getam? 305
GE. quem neque fides neque iusiurandum neque ĭllum misericordia
repressit neque reflexit neque quod partus instabat prope
quoi miserae indigne per vim vitium obtulerat.
SO. non intellego satius quae loquitur.
CA. propius obsecro accedamu', Sostrata.
GE. ah

ATO III

SÓSTRATA E CÂNTARA (B = septenários trocaicos e octonários jâmbicos)

SÓ: Que vai ser agora, imploro, nutriz minha?
CÂ: Inquires?
Espero, tudo certo. As dores, minha tu, ainda estão no comecinho:
já temes, como se tu mesma não tivesses dado à luz? 290
SÓ: Ai, mísera, tenho ninguém (estamos sós, o Geta não está)
e não tenho alguém que chame a obstetra ou Ésquino.
CÂ: Por Pólux, esse aí já vai chegar, pois nunca fica um dia sem aparecer.
SÓ: Só ele é o remédio pras misérias minhas.
CÂ: Dada a situação, a coisa não podia ser melhor, 295
já que a falta aconteceu, com ele é preferível,
tal estirpe e espírito, família de tanta importância.
SÓ: É verdade o que tu dizes: peço aos deuses que nos salvem.

GETA, SOSTRATA E CÂNTARA

GE: Agora, nem que todos reunissem todos seus bons planos
e a este mal buscassem solução, auxílio algum viria, 300
um mal que a mim, à filha e à senhora fez! Aiai!
um cerco se levanta de repente de onde não pode escapar-se:
solidão, infâmia, violência, falta e injustiça.
Tempos estes! crimes, gênero sacrílego, homem ímpio![13]
SÓ: O que é que é isso que eu vejo, apressado e esmorecente Geta? 305
GE: A quem nem fides[14], juramento nem misericórdia alguma
refreia nem revira mesmo quando o parto estava perto
a essa mísera, por força, em modo indigno, causa dano.
SÓ: Eu não entendo o que ele diz.
CÂ: Vamos mais perto.
GE: Ai!

me miserum, vix sum compos animi, ita ardeo iracundia. 310
nil est quod malim quăm ĭllam totam familiam darĭ mi obviam,
ut ego iram hanc in eos evomam omnem, dum aegritudo haec est recens.
satis mihi id habeam supplici dŭm illos ulciscar modo.
seni animam primum exstinguerem ipsi quĭ ĭllud produxit scelus;
tum autem Syrum inpulsorem, vah, quibus illum lacerarem modis! 315
sublime[m] medium primum arriperem et capite in terra statuerem,
ut cerebro dispergat viam;
adulescenti ipsi eriperem oculos, post haec praecipitem darem;
ceteros – ruerem agerem raperem tunderem et prosternerem.
sed cesso eram hoc malo inpertiri propere?

SO. revocemus: Geta.

GE. hem 320

quisqui's, sine me.

SO. ego sum Sostrata.

GE. ubi east?

tĕ ĭpsam quaerito.

SO. tĕ ĕxspecto; oppido opportune te obtulisti mi obviam.

GE. era . .

SO. quid est? quid trepidas?

GE. ei mihi!

CA. quid festinas, mi Geta?

animam recipe.

GE. prorsu' . .

SO. quid ĭstuc "prorsus" ergost?

GE. periimus;

actumst.

SO. eloquere obsecro te quid sit.

GE. iam . .

SO. quid "iam," Geta? 325

GE. Aeschinus . .

SO. quid is ergo?

GE. alienus est ab nostra familia.

SO. hem

perii. quare?

GE. amare occepit aliam.

SO. vae miserae mihi!

de mim, ai! Quase perco a compostura, queimo de iracúndia! 310
não há nada que eu queira mais que ver essa família toda
pra que eu minha ira toda eu vomitar enquanto o ódio é recente.
Aceitaria o meu castigo, ao menos se eu pudesse me vingar.
Ao velho arrancaria a alma só por ter gerado o vagabundo;
então também o Siro instigador, ah, como eu dilaceraria! 315
eu pegaria o traste e viraria a testa sobre o chão
e espargiria o cérebro no chão;
arrancava os olhos desse jovem e jogava do penhasco;
quanto ao resto – eu atropelo, arrasto, espanco e prostro.
Por que me atraso pra contar os males à senhora?

SÓ: Geta!

GE: Ai! 320

deixa-me, quem quer que seja!

SÓ: É Sóstrata!

GE: Onde estás?

Busco-te.

SÓ: Espero-te; e oportuno ofertas-te aos meus olhos

GE: Dona...[15]

SÓ: Quê? Por que te agitas?

GE: Ai!

CÂ: Por que te apressas?

Vai, respira!

GE: Permanentemente...

SÓ: O quê?

GE: Nós nos perdemos.

Foi-se.

SÓ: Imploro que nos digas o que que foi.

GE: Já...

SÓ: Já o quê? 325

GE: Ésquino...

SÓ: O que tem ele?

GE: Está alheio à nossa gente.

SÓ: Ah!

Estou morta. Mas por quê?

GE: Uma outra começou a amar.

SÓ: Ai de mim!

GE. neque id ŏcculte fert, ab lenone ipsus eripuit palam.
SO. satin hoc certumst?
GE. certum; hisce oculis egomet vidi, Sostrata.
SO. ah me miseram! quid iam credas aut quoi credas? nostrumne Aeschinum, 330
nostram vitam omnium, in quo nostrae spes opesque omnes sitae
erant? qui sine hac iurabat se unum numquam victurum diem?
qui se in sui gremio positurum puerum dicebat patris,
ita obsecraturum ut liceret hanc sibi ŭxorem ducere?
GE. era, lacrumas mitte ac potiu' quod ad hanc rem opus est porro prospice: 335
patiamurne an narremu' quoipiam?
CA. au au, mĭ homo, sanun es?
an hŏc proferendum tibi videtur esse?
GE. miquidem non placet.
iam primum illum alieno animo a nobis esse res ipsa indicat.
nunc si hoc palam proferimus ille infitias ibit, sat scio:
tua fama et gnatae vita in dubium veniet. tum si maxume 340
fateatur, quŏm amat aliam, non est utile hanc illi dari.
quapropter quoquo pacto tacitost opus.
SO. ah minime gentium:
non faciam.
GE. quid ages?
SO. proferam.
CA. hem, mea Sostrata, vidĕ quam rem agis.
SO. peiore res loco non potis est esse quam in quo nunc sitast.
primum indotatast; tum praeterea, quae secunda <ei> dos erat, 345
periit: pro virgini darĭ nuptum non potest. hoc relicuomst:
si infitias ibit, testi' mecum est anulus quem miserat.
postremo, quando ego consciā mihi sum a me culpam esse hanc procul
neque pretium neque rem ullam intercessisse illa aut me indignam, Geta,
experiar.
GE. quid ĭstic? cedo ut meliu' dicas.
SO. tu, quantum potes<t>, 350
abi ătque Hegioni cognato huiu' rem enarrato omnem ordine;
năm ĭs nostro Simulo f<ui>t summus et nos coluit maxume.
GE. năm hĕrcle aliu' nemo respiciet nos.
SO. propera tu, mea Canthara,
curre, obstetricem accerse, ut quom opu' sit ne in mora nobis siet.

GE: Nem fez oculto, ela o próprio arranca ao leno.
SÓ: Certo mesmo é isso?
GE: Certo. Co'esses mesmos olhos vi.
SÓ: Miséria! Em que crerei, em quem crerei? Foi mesmo o nosso Ésquino – 330
a vida de nós todos, onde estavam a esperança e os recursos?
aquele que jurava que sem ela nunca viveria um dia?
O que dizia que poria o filho no regaço de seu pai,
e imploraria que se permitisse que com ela se casasse?
GE: Senhora, deixa as lágrimas e encara a situação que está por vir: 335
suportaremos ou denunciaremos a alguém?
CÂ: Tás louco, homem?
Acaso julgas que isso é coisa de se anunciar?
GE: Não gosto nada!
De início, é claro que sua alma não nos mais pertence, a coisa é clara.
Agora, se a anunciamos claramente e ele então negar,
sei bem: da fama tua e dela vai-se duvidar; contudo, 340
se confessar que ama a outra, melhor é a nossa não lhe dar.
De qualquer modo, então, convém manter segredo.
SÓ: Ah, de modo algum:
não faço.
GE: Então o quê?
SÓ: Revelo.
CÂ: Ai, Sóstrata, cuidado com o que fazes.
SÓ: A coisa não podia estar em um lugar pior do que já está.
Primeiro, não tem dote; e mais, o que podia ser segundo dote 345
morreu: não pode ser casada como virgem. Sobra isso:
se nega Ésquino, eu tenho o anel que deu de testemunha.
Por fim, já que eu sou consciente de que a culpa está de mim bem longe
e nem dinheiro ou coisa alguma intercedeu e que não sou indigna,
experimento.
GE: O quê? Te peço que reconsideres.
SÓ: O quanto antes, 350
vai lá contar ao Hegião, compadre nosso, tudo que passou;
foi ele o mais querido ao nosso Símulo e muito nos quer bem.
GE: Por Hércules que nenhum outro ajudará.
SÓ: Corre, Cântara,
a obstetra vai chamar pra não tardar nada que seja.

DEMEA SYRVS DROMO

DE. Disperii! Ctesiphonem audivi filium 355
una fuisse in raptione cum Aeschino.
id misero restat mihi mali si illum potest,
quĭ aliquoi r<ei>st, etiam eum ăd nequitiem adducere.
ubi ego ĭllum quaeram? credo abductum in ganeum
aliquo: persuasit ille inpuru', sat scio. 360
sed ĕccum Syrum ire video: hinc scibo iam ubi siet.
atque hercle hic de grege illost: si me senserit
<eu>m quaeritare, numquam dicet carnufex.
non ostendam id me velle.

SY. omnem rem modo seni
quo pacto haberet enarramus ordine: 365
nil quicquam vidi laetius.

DE. pro Iuppiter,
hominis stultitiam!

SY. conlaudavit filium;
mihi, qui id dedissem consilium, egit gratias.
DE. disrumpor!

SY. argentum adnumeravit ilico;
dedit praeterea in sumptum dimidium minae; 370
id distributum sane est ex sententia.

DE. em
huic mandes siquid recte curatum velis!
SY. ehĕm Demea, haud aspexeram te. quid agitur?
DE. quid agatur? vostram nequeo mirari satis
rationem.

SY. est hercle inepta, ne dicam dolo, atque 375
absurda. piscis ceteros purga, Dromo;
gongrum istum maxumum in aqua sinito ludere
tantisper: ubi ego venero, exossabitur; priu' nolo.
DE. haecin flagitia!

SY. miquidem non placent
et clamo saepe. salsamenta haec, Stephanio, 380
fac macerentur pulchre.

DE. di vostram fidem,

DÊMEA, SIRO E DROMO (A = senários jâmbicos)

DÊ: Morri! Ouvi dizer que o filho meu Ctêsifo 355
esteve junto com o Ésquino no rapto.
Só resta o mal a mim, o pobre, se até mesmo ele
que vale alguma coisa se conduz à iniquidade.
Onde é que vou achá-lo? Creio, foi levado a algum
bordel: aquele impuro deve ter persuadido. 360
Pois vejo o Siro vindo: vou saber onde é que está.
Mas ele é da mesma gangue, e se percebe
que eu procuro o filho, o traste nunca me dirá.
Não vou mostrar o que eu quero.
SI: A coisa toda ao velho,
e de que modo, nós narramos tudo em ordem: 365
Jamais eu vi maior felicidade.[16]
DÊ: Júpiter!
Que estupidez do homem!
SI: E louvou o filho,
a mim, que dei conselhos, muitas graças deu.
DÊ: Explodo!
SI: Ali mesmo contou todo o dinheiro
além de tudo deu, pros gastos extra, meia mina 370
que já gastei bem ao meu gosto.
DÊ: Ai de mim!
Se queres algo bem cuidado, a esse aí confies!
SI: Olá, ó Dêmea! A ti não tinha visto. Como estás?[17]
DÊ: Como eu estou? Não posso ver razão suficiente
em vós.
SI: É mesmo inepta, e pra dizer a verdade, 375
até absurda. (*a Dromo*) Limpa os outros peixes, Dromo;
por ora deixa o congro aí brincando n'água.
E quando eu voltar, o desossamos; antes, não.
DÊ: Ó, tais flagelos!
SI: Ah, mas eu também não gosto
e grito sempre. (*aos escravos*) Ó Estefânio, cuida que macerem 380
os peixes da salmoura direitinho.
DÊ: Ó deuses!

utrum studione id sibi habet an laudi putat
fore si perdiderit gnatum? vae misero mihi!
videre videor iam diem illum quom hinc egens
profugiet aliquo militatum.
SY. o Demea, 385
istuc est sapere, non quod ante pedes modost
videre sed etiam illa quae futura sunt prospicere.
DE. quid? ĭstaec iam penes vos psaltriast?
SY. ellam intus.
DE. eho ăn domist habituru'?
SY. credo, ut est dementia.
DE. haecin fieri!
SY. inepta lenitas 390
patris et facilitas prava.
DE. fratri' me quidem
pudet pigetque.
SY. nimium inter vos, Demea, ac
(non quia ades praesens dico hoc) pernimium interest.
tu quantu' quantu's nil nisi sapientia es,
ill' somnium. sineres vero illum tu tuom 395
facere haec?
DE. sinerem illum? aut non sex totis mensibus
prius olfecissem quăm ĭlle quicquam coeperet?
SY. vigilantiam t<ua>m tu mihi narras?
DE. sic siet
modo ŭt nunc est quaeso.
SY. ut quisque suŏm volt esse itast.
DE. quid eum? vidistin hodie?
SY. t<uo>mne filium? 400
(abigam hunc rus.) iamdudum aliquid ruri agere arbitror.
DE. satĭn scis ibi esse?
SY. oh qui egomet produxi.
DE. optumest: metui ne haereret hic.
SY. atque iratum admodum.
DE. quid autem?
SY. adortust iurgio fratrem apŭd forum
de psaltria ista[c].

será que ele acha que perder meu filho
é algo digno de louvor ou sua obrigação?
Me vejo a ver o dia já em que, desesperado,
daqui ele irá fugir pro exército.
SI: Ó Dêmea, 385
assim é o bom saber, e não só ver o que já está
sob os seus pés, mas até mesmo as coisas que virão!
DÊ: E então? Já está na vossa casa a citarista?
SI: 'Tá sim, lá dentro.
DÊ: Ó desgraça, vai ficar em casa?
SI: Loucura isso!
DÊ: Um absurdo!
SI: É a inépcia 390
do pai, o mão-aberta.
DÊ: De fato me envergonho dele
e me entristeço.
SI: Grande diferença entre vós,
enorme, mesmo, eu vejo (não porque estás presente).
Tu na totalidade és nada exceto sapiência,
e ele, sonho. Acaso deixarias tu teu filho 395
fazer tais coisas?
DÊ: Deixaria? Já seis meses antes
eu sentiria o cheiro da tramoia começada!
SI: A tua vigilância narras?
DÊ: Seja ele sempre
tal como é agora.
SI: Cada filho é como quer
o pai.
DÊ: E ele? Viste-o hoje?
SI: O teu filho? 400
(*à parte*) eu vou mandar pro campo! (*a Dêmea*) Acho que ele está no campo.
DÊ: Estás bem certo disso?
SI: Sim, eu mesmo que levei.
DÊ: Que ótimo: temia que estivesse vadiando.
SI: E bem irado!
DÊ: Quê?
SI: Surgiu uma contenda com o
irmão, por causa da mocinha.

DE. ain vero?

SY. vah nil reticuit. 405

nărn ŭt numerabatur forte argentum, intervenit
homŏ de inproviso: coepit clamare "[o] Aeschine,
haecin flagitia facere te! haec te admittere
indigna genere nostro!"

DE. oh lacrumo gaudio!

SY. "non tu hoc argentum perdi' sed vitam tuam." 410
DE. salvos sit! spero, est simili' maiorum suom.
SY. hui!

DE. Syre, praeceptorum plenust istorum ille.

SY. phy!

domi habuit unde disceret.

DE. fit sedulo:

nil praetermitto; consuefacio; denique
inspicere, tamquam in speculum, in vitas omnium 415
iubeo atque ex aliis sumere exemplum sibi:
"hoc facito."

SY. recte sane.

DE. "hoc fugito."

SY. callide.

DE. "hoc laudist."

SY. istaec res est.

DE. "hoc vitio datur."

SY. probissime.

DE. porro autem . .

SY. non hercle otiumst

nunc mi auscultandi. piscis ex sententia 420
nactus sum: î mihi ne corrumpantur cautiost.
nam id nobis tam flagitiumst quam illa, Demea,
non facere vobis quae modo dixti; et quod queo
conservis ad eundem istunc praecipio modum:
"hoc salsumst, hoc adustumst, hoc lautumst parum; 425
illud recte: iterum sic memento." sedulo
moneo quae possum pro mea sapientia:
postremo, tamquam in speculum, in patinas, Demea,
inspicere iubeo et moneo quid facto usu' sit.

DÊ: Mesmo?
SI: Opa! 405
Não leva desaforo! Enquanto se contava a grana,
vem ele de improviso e põe-se a gritar: "Ô Ésquino!
fazeres tu flagelos tais! Indigno da nossa
família recebê-los!"
DÊ: Choro de alegria!
SI: "Não perdes o dinheiro, mas a tua vida." 410
DÊ: Que seja salvo! É igual a seus antepassados!
SI: Se é!
DÊ: Ó Siro, ele é todo bons conselhos!
SI: Claro!
Em casa teve onde aprender.
DÊ: Com zelo faz-se:
não deixo passar nada, habituo-o e, enfim,
inspecionar, tal qual no espelho, a vida alheia 415
ordeno, e bons exemplos assumir pra si:
"faz isso."
SI: Muito bem.
DÊ: "E disso foge."
SI: Ótimo.
DÊ: "Assim se louva."
SI: Isso aí!
DÊ: "Ao vício leva isso."
SI: Probíssimo.
DÊ: E além disso...
SI: Eu tô sem tempo
pra te escutar agora. Uns peixes como eu quero 420
eu encontrei: preciso então cuidar que não estraguem.
Pois é assim também pra mim, ó Dêmea, um flagelo,
como é pra ti, quando não fazem o que peço;
instruo meus conservos sempre que eu posso, assim:
"está salgado, este, esturricado, aquele, sujo, 425
assim está correto: lembra de fazer de novo."
Com zelo vou aconselhando como sei:
por fim, tal qual no espelho, os pratos, Dêmea, ordeno
inspecionar e aconselho o que fazer se deve.

inepta haec esse nos quae facimus sentio; 430
verum quid facias? ut homost ita morem geras.
numquid vis?
DE. mentem vobis meliorem dari.
SY. tu rus hinc ibi'?
DE. recta.
SY. nam quid tu hic agas,
ubi siquid bene praecipias nemo obtemperat? –

DEMEA

ego vero hinc abeo, quando is quam ob rem huc veneram 435
rus abiit: illum curo unum, ille ad me attinet:
quando ita volt frater, de istoc ipse viderit.
sed quis ĭllic est procul quem video? estne Hegio
tribuli' noster? si sati' cerno is hĕrclest. vaha
homo amicu' nobis iam inde a puero (o di boni, 440
nĕ ĭlliu' modĭ iam magna nobis civium
paenuriast), homo ăntiqua virtute ac fide!
haud cito mali quid ortum ex hoc sit publice.
quam gaudeo! ubi etiam huiu' generi' reliquias
restare video, [v]ah vivere etiam nunc lubet. 445
opperiar hominem hic ut salutem et conloquar.

HEGIO DEMEA GETA (PAMPHILA)

HE. Pro dĭ ĭnmortales, facinus indignum, Geta!
quid narras!
GE. sic est factum.
HE. ex illan familia
tăm ĭnliberale facinus esse ortum! [o] Aeschine,
pol haud paternum istuc dedisti.
DE. vidĕlicet 450
de psaltria hac audivit: id ĭlli nunc dolet
alieno, pater is nihili pendit. ei mihi!
utinam hic prope adesset alicubi atque audiret haec!
HE. nisi facient quaĕ ĭllos aequomst, haud sic auferent.

Ineptas sinto serem essas coisas que fazemos; 430
fazer o quê? Pra cada homem há uma sentença.
Alguma coisa mais?

DÊ: Que a ti mente melhor se dê.

SI: Tu vais daqui pro campo?

DÊ: Reto.

SI: Que farás aqui,
onde ninguém escuta as coisas que tão bem instruis?

DÊMEA

Eu vou-me então daqui, já que aquele por quem vim 435
foi para o campo: ele me preocupa, eu cuido dele.
E já que o irmão assim o quis, do outro ele é que cuida.
Mas quem é esse que estou vendo ali? É Hegião?
Compatriota nosso? Se percebo bem, é ele!
Amigo nosso é o homem desde a infância, ó deuses!, 440
(que falta enorme faz a nós um homem desse gênero),
um homem de antiga fides e virtude!
Pois fácil não viria dele ao povo mal nenhum.
Me alegro tanto! Quando vejo ainda haver relíquias
de tal estirpe, ah!, viver a vida vale a pena! 445
Espero então aqui para saudá-lo e papear.

HEGIÃO, DÊMEA, GETA E (PÂNFILA)

HE: Ó deuses imortais! Que crime indigno, Geta!
Que narras?

GE: Foi assim.

HE: De tal família
tão indecente crime ter surgido! Ó Ésquino,
decerto não saíste ao pai.

DÊ: Ora, evidentemente 450
ouviu acerca dessa citarista: a ele dói,
alheio, o pai, por sua vez, não liga nada. Aiai!
Quisera eu que ele estivesse por aí e isso
ouvisse.

HE: Se não fazem o certo, não escaparão.

GE. in te spes omnis, Hegio, nobis sitast: 455
te solum habemu', tŭ ĕs patronu', tu pater:
ille tibi moriens nos commendavit senex:
si deseris tu periimus.
HE. cavĕ dixeris:
neque faciam neque me sati' pie posse arbitror.
DE. adibo. salvere Hegionem plurumum 460
iubeo.
HE. oh te quaerebam ipsum: salve, Demea.
DE. quid autem?
HE. maior filius tuos Aeschinus,
quem fratri adoptandum dedisti, neque boni
neque liberalis functus officiumst viri.
DE. quid ĭstuc est?
HE. nostrum amicum noras Simulum atque 465
aequalem.
DE. quidni?
HE. filiam eius virginem
vitiavit.
DE. hem.
HE. manĕ: nondum audisti, Demea,
quod est gravissimum.
DE. an quid est etiam amplius?
HE. vero amplius; nam hoc quidĕm ferundum aliquo modost:
persuasit nox amor vinum adulescentia: 470
humanumst. ubi scit factum, ad matrem virginis
venit ipsus ultro lacrumans orans obsecrans
fidem dans, iurans sĕ ĭllam ducturum domum.
ignotumst tacitumst creditumst. virgo ex eo
compressu gravida factast (mensi' [hic] decumus est); 475
ill' bonu' vir nobis psaltriam, si dis placet,
paravit quicum vivat, illam deserit.
DE. pro certo tŭ ĭstaec dici'?
HE. mater virginis
in mediost, ipsa virgo, res ipsa, hic Geta
praeterea, ut captus[es]t servolorum, non malus 480
neque iners: alit illas, solus omnem familiam

GE: Em ti toda esperança, Hegião, depositamos: 455
a ti somente temos, tu és o patrono, o pai:
aquele, moribundo, a ti nos confiou.
Se faltas, nós estamos mortos.
HE: Ah, não digas isso,
pois não farei, nem julgo justo que pudesse.
DÊ: Irei ali. Que estejas muito bem, ó Hegião, 460
ordeno.[18]
HE: Eu procurava mesmo a ti: Ó Dêmea, salve!
DÊ: Que foi?
HE: O teu filho mais velho, Ésquino,
que deste em adoção ao teu irmão, não fez
papel de homem educado nem de bem.
DÊ: Mas o que é isso?
HE: Lembras-te do nosso amigo e igual 465
chamado Símulo?
DÊ: É claro.
HE: A filha virgem dele,
teu filho poluiu.
DÊ: O quê?
HE: Espera, não ouviste
o que é mais grave.
DÊ: Mais grave ainda que isso?
HE: Ainda mais. Pois isso ainda pode suportar-se:
a noite, o amor, o vinho, a adolescência impelem; 470
humano é.[19] E quando soube o fato, veio à mãe
chorando, orando e implorando, de vontade própria,
e dando fé, jurando que se casaria.
Calou-se, perdoou-se, acreditou-se.[20] A moça,
por esse abraço engravidou (chegou o mês décimo). 475
Aquele nosso homem bom uma flautista, – ó deuses! –
arranja pra viver com ele, e desertou aquela.
DÊ: É certo isso que dizes?
HE: Pois a mãe da moça
está ali, a própria moça, o fato, o Geta aqui,
que, como sói a todo escravo, não é mau 480
e nem inerte[21]: as alimenta, e, só, toda a família

sustentat: hunc abduce vinci, quaere rem.
GE. immo hercle extorque, nisi ita factumst, Demea.
postremo non negabit: coram ipsum cedo.
DE. pudet: nec quid agam nec quid huic respondeam 485
scio.
(*PA*. intus) miseram me, differor doloribus!
Iuno Lucina, fer opem! serva me obsecro!
HE. hem
numnam illa quaeso parturit?
GE. certe, Hegio.
HE. em illaec fidem nunc vostram inplorat, Demea:
quod vos vis cogit id voluntate impetret. 490
haec primum ut fiant d<eo>s quaeso ut vobis decet.
sin aliter animu' voster est, ego, Demea,
summa vi defendam hanc atque illum mortuom.
cognatu' mihi erat: una a pueris parvolis
sumus educ[a]ti; una semper militiae et domi 495
fuimus; paupertatem una pertulimus gravem.
quapropter nitar faciam experiar, denique
animam relinquam potiu' quăm ĭllas deseram.
quid mihi respondes?
DE. fratrem conveniam, Hegio;
is quod mi de hac re dederit consilium id sequar. 499[a]
HE. sed, Demea, hoc tu facito cum animo cogites: 500
quam vos facillime agiti', quam estis maxume
potentes dites fortunati nobiles,
tam maxume vos aequo animo aequa noscere
oportet, si vos volti' perhiberi probos.
DE. redito: fient quae fieri aequomst omnia. 505
HE. decet te facere. Geta, duc me intro ad Sostratam. –
DE. non mĕ ĭndicente haec fiunt: utinam hic sit modo
defunctum! verum nimia illaec licentia
profecto evadit in aliquod magnum malum.
ibo ac requiram fratrem ut in eum haec evomam. 510

sustenta: leva-o, amarra, inquire a situação.
GE: Arrasa mesmo a mim, se isso não foi assim.
Não negará por fim: traz ele mesmo aqui.
DÊ: (*à parte*) Vergonha: nem o que eu faça nem o que responda 485
a eles sei.
PÂ: (*de dentro*) Desfaço-me de dores, ai de mim!
Lucina Juno, ajuda-me! Socorro, imploro![22]
HE: Hein?
Acaso é ela já parindo?
GE: Certamente.
HE: Aquela implora agora a vossa fides, Dêmea.
Concede de bom grado o que a lei a vós impele. 490
Eu peço aos deuses faça-se o que convier a vós.
Se acaso de outra forma a inclinação te move, Dêmea,
defenderei a ela e ao morto com todas as forças.
Pois era meu parente, e juntos desde criancinhas
fomos criados; juntos sempre em casa e na milícia 495
estávamos; igual grave pobreza suportamos.
Por isso tentarei, me esforçarei, farei, até
deixar a alma, ao invés de a elas desertar.
O que me dizes?
DÊ: Hegião, encontrarei o irmão
e quanto a isso os conselhos que me der eu sigo. 499[a]
HE: Mas, Dêmea, pensa bem e ajas com bom ânimo: 500
assim como viveis com liberalidade
e como sois os mais potentes, ricos, nobres,
da mesma forma a vós convém julgar melhor
com justo ânimo, se vós quereis ser probos.
DÊ: Retira-te. Faremos tudo o que fazer for justo. 505
HE: Assim a ti convém. Ó Geta, leva-me pra dentro. (*saem*)
DÊ: Não sem aviso isso se passa: que isso logo
acabe! Essa excessiva licenciosidade
decerto levará a um mal inda maior. O irmão
eu busco pra essas coisas vomitar em sua cara. 510

HEGIO

Bono animo fac sis, Sostrata, et ĭstam quod potes
fac consolere. ego Micionem, si apŭd forumst,
conveniam atque ut res gestast narrabo ordine:
sĭ est facturus ut sit officium suom,
faciat; sin aliter de hac re est ei(u)s sententia, 515
respondeat mi, ut quid agam quam primum sciam.

HEGIÃO

Bom ânimo mantenhas, Sóstrata, e a ela quanto
puderes faça consolar. Verei se Micião
está no fórum e lhe contarei a coisa toda:
se for fazer aquilo que é o seu dever,
que faça; mas se sua decisão for outra, 515
que diga, a fim de que eu aja assim que saiba.

ACTVS IV

CTESIPHO SYRVS

CT. Ain patrem hinc abisse rus?
SY. iamdudum.
CT. dic sodes.
SY. apŭd villamst:
nunc quom maxume operis aliquid facere credo.
CT. utinam quidem!
quod cum salute ei(u)s fiat, ita se defetigarit velim
ut triduo hoc perpetuo prorsum e lecto nequeat surgere. 520
SY. ita fiat, et ĭstoc siqui potis est rectiūs.
CT. ita; nam hunc diem
misere nimi' cupio, ut coepi, perpetuom in laetitia degere.
et ĭllud rus nulla alia causa tam male odi nisi quia propest:
quod si abesset longius,
priu' nox oppressisset illi quam huc revorti posset iterum. 525
nunc ubi me illi[c] non videbit, iăm hŭc recurret, sat scio:
rogitabit mĕ ubi fuerim: "ego hodie toto non vidi die."
quid dicam?
SY. nilne in mentemst?
CT. numquam quicquam.
SY. tanto nequior.
cliens amicus hospes nemost vobis?
CT. sunt: quid postea?
SY. hisce opera ut data sit?
CT. quae non data sit? non potest fieri.
SY. potest. 530
CT. interdius; sed si hic pernocto, causae quid dicam, Syre?
SY. vah quam vellem etiam noctu amicis operam mos esset dari!
quin tu otiosus esto: ego illi(u)s sensum pulchre calleo.
quom fervit maxume, tam placidum quăm ovem reddo.

ATO IV

CTÊSIFO E SIRO (B = septenários trocaicos e octonários jâmbicos; alguns versos menores)

CT: Dizes que meu pai já foi?
SI: Agora há pouco.
CT: Mesmo?
SI: Está no campo!
E acho que se ocupa ao máximo por lá.
CT: Tomara mesmo!
Quero que se canse tanto (com saúde,[23] espero, claro)
que por três dias fique em sua cama sem poder se levantar. 520
SI: Assim será, e, se possível, algo ainda melhor.
CT: Pois hoje
eu quero muito, como comecei, gastar o dia na alegria.
Esse campo aí odeio tanto só por causa de estar perto:
fosse ele mais longe,
antes cairia a noite que ele aqui voltar pudesse. 525
Como não lá vai me ver, já vai correr pra cá, sei bem:
Perguntará onde eu estive: "Não te vi o dia todo."
O que direi?
SI: Pois nada tens em mente?
CT: Nada.
SI: Ai, que ruim.
Cliente, amigo, nenhum hóspede terás?
CT: Sim, e então?
SI: A eles davas atenção?
CT: Não posso, pois não dava.
SI: Podes. 530
CT: Durante o dia, sim, mas se pernoito por aqui, direi o quê?
SI: Quem dera mesmo à noite amigos atender fosse costume!
Tranquilo estejas tu: conheço bem o engenho de teu pai.
Pois quando ferve ao máximo, calminho como ovelha o deixo.

CT. quomodo?
SY. laudarier te audit lubenter: facio te apud illum deum; 535
virtutes narro.
CT. meăs?
SY. tuas: homini ilico lacrumae cadunt
quasi puero gaudio. em tibi autem!
CT. quidnamst?
SY. lupus in fabula.
CT. pater est?
SY. ipsust.
CT. Syre, quid agimu'?
SY. fuge modo intro; ego videro.
CT. siquid rogabit, nusquam tu me: audistin?
SY. potin ut desinas?

DEMEA CTESIPHO SYRVS

DE. Ně ego homŏ sum infelix: primum fratrem nusquam invenio gentium; 540
praeterea autem, dŭm ĭllum quaero, a villa mercennarium
vidi: is filium negat esse rure. nec quid agam scio.
CT. Syre.
SY. quid est?
CT. men quaerit?
SY. verum.
CT. perii.
SY. quin tu animo bono es.
DE. quid hŏc, malum, infelicitatis? nequeo sati' decernere;
nisi me credo huic esse natum r<ei>, ferundis miseriis. 545
primu' sentio mala nostra, primu' rescisco omnia,
primu' porro obnuntio, aegre solu' siquid fit fero.
SY. rideo hunc: primum <ai>t se scire: is solu' nescit omnia.
DE. nunc redeo, si forte frater redierit viso.
CT. Syre,
obsecro vidě ně ĭlle huc prorsu' se inruat.
SY. etiam taces? 550
ego cavebo.

CT: Como?

SI: Louvar-te adora ouvir: te faço para os olhos dele um deus. 535
Virtudes narro.

CT: Minhas?

SI: Tuas: lágrimas dos olhos dele caem,
de gozo, como se infantis. Mas ai de ti!

CT: Que foi?

SI: Não morre mais!

CT: Meu pai?

SI: O próprio.

CT: Siro, que fazemos?

SI: Vá pra dentro, eu me viro.

CT: Se algo perguntar, nenhures tu me viste, ouviste?

SI: Anda, chispa.

DÊMEA, CTÊSIFO E SIRO (C = septenários trocaicos a partir de 541)

DÊ: Pois eu sou mesmo um infeliz: eu não encontro o irmão em parte alguma; 540
pois então, enquanto o procurava, um funcionário encontro:
nega o filho estar no campo: eu não sei o que fazer.

CT: Siro!

SI: O quê?

CT: Procura a mim?

SI: Pois é.

CT: Morri!

SI: Sossega aí.

DÊ: Que infelicidade é essa? Não consigo discernir,
creio ter nascido só pra isso: suportar misérias. 545
Sou primeiro a descobrir os males, tudo aprendo antes,
sou primeiro a anunciar, e o que acontece, eu, só, suporto.

SI: Rio: diz tudo saber, mas ele só tudo ignora.

DÊ: Volto agora, a ver se acaso retornou o irmão.

CT: Ó Siro,
cuida que ele não irrompa aqui pra dentro, imploro.

SI: Cala a 550
boca? Eu cuido.

CT. numquam hercle ego hodie istuc committam tibi;
nam me iăm ĭn cellam aliquam cŭm ĭlla concludam: id tutissimumst.
SY. age, tamen ego hŭnc amovebo. –
DE. sed ĕccum sceleratum Syrum.
SY. non hercle hic qui volt durare quisquam, si sic fit, potest.
scire equidem volŏ quot mihi sint domini: quaĕ haĕc est miseria? 555
DE. quid ĭlle gannit? quid volt? quid ais, bone vir? est frater domi?
SY. quid, malum, "bone vir" mihi narras? equidem perii.
DE. quid tibist?
SY. rogitas? Ctesipho me pugnis miserum et istam psaltriam
usque occidit.
DE. hem quid narras?
SY. em vide ŭt discidit labrum.
DE. quăm ŏb rem?
SY. mĕ ĭnpulsore hanc emptam esse <ai>t.
DE. non tu <eu>{m rus hinc modo 560
produxe <ai>bas?
SY. factum; verum venit post insaniens:
nil pepercit. non puduisse verberare hominem senem!
quem ego modŏ puerum tantillum in manibu' gestavi meis.
DE. laudo: Ctesipho, patrissas: abĭ, virum te iudico.
SY. laudas? nĕ ĭlle continebit posthac, si sapiet, manus. 565
DE. fortiter!
SY. perquam, quia miseram mulierem et me servolum,
qui referire non audebam, vicit: hui perfortiter.
DE. non potuit melius. idĕm quod ego sentit tĕ ĕsse huic r<ei> caput.
sed ĕstne frater intu'?
SY. non est.
DE. ubi ĭllum inveniam cogito.
SY. scio ubi sit, verum hodie numquam monstrabo.
DE. hem quid ais?
SY. ita. 570
DE. dimminuetur tibi quidem iam cerebrum.
SY. at nomen nescio
illi(u)s homini', sed locum novi ubi sit.
DE. dic ergo locum.
SY. nostin porticum apŭd macellum hanc d<eo>rsum?

CT: Nunca é que isso a ti confio hoje;
tranco-me com ela em algum quartinho, é mais seguro.
SI: Vai, que eu daqui o afasto. (*veem-se*)
DÊ: Olha, celerado Siro.
SI: Desse jeito aí não tem ninguém que possa suportar.
Quantos amos tenho, eu me pergunto. Que desgraça é essa? 555
DÊ: Quem que está ganindo? (*a Siro*) Olá, bom homem, meu irmão tá aí?
SI: Quê, "bom homem"? 'Tô perdido, na verdade.
DÊ: Que é que foi?
SI: Rogas? Ctêsifo a mim e à citarista com os punhos
quase mata.
DÊ: Hein? Que dizes?
SI: Vês minha boca arrebentada?
DÊ: Mas por quê?
SI: Diz que ajudei na compra dela.
DÊ: Não dizias 560
que o levaste ao campo?
SI: Fato, mas depois voltou insano:
poupou nada. Não lhe envergonhou bater num homem velho!
Eu que há pouco o carregava pequenino nos meus braços.
DÊ: Louvo: Ctêsifo, pois sais ao pai. Um homem julgo-te.
SI: Louvas? Se souber, ele jamais irá conter as mãos. 565
DÊ: Isso aí!
SI: Por quê? Por ter a uma mulher e a um pobre servo,
que não pode revidar, vencido? Isso aí!
DÊ: Melhor impossível. Achava mesmo que eras o mandante.
'Tá aí dentro o irmão?
SI: 'Tá não.
DÊ: Mas onde o encontrarei?
SI: Eu sei onde está, mas nunca mostrarei.
DÊ: Que dizes?
SI: Isso. 570
DÊ: Diminuir-se-á a ti o cérebro.
SI: Não sei o nome
desse homem com quem 'tá, mas sei o endereço.
DÊ: Diz.
SI: Sabes onde fica o pórtico pra baixo do mercado?

DE. quidni noverim?
SY. praeterito hac recta platea sursŭm: ubi eŏ veneris,
clivo' d<eo>rsum vorsum est: hac te praecipitato. postea 575
est ad hanc manum sacellum: ibi angiportum propter est.
DE. quodnam?
SY. illi[c] ubi etiam caprificu' magna est.
DE. novi.
SY. hac pergito.
DE. id quidem angiportum non est pervium.
SY. verum hercle. vah
censen hominem me esse? erravi: in porticum rursum redi:
sane hac multo propius ibis et minŏr est erratio. 580
scin Cratini hui(u)s ditis aedis?
DE. scio.
SY. ubi eas praeterieris, ad sinistram hac recta platea, ubi ad Dianae veneris,
ito ad dextram; priu' quam ad portam venias, apud ipsum lacum
est pistrilla et exadvorsum fabrica: ibist.
DE. quid ibĭ facit?
SY. lectulos – in sole – ilignis pedibu' faciundos dedit. 585
DE. ubi poteti' vos: bene sane. sed cesso ad eum pergere? –
SY. i sane: ego te exercebo hodie, ut dignus es, silicernium.
Aeschinus odiose cessat: prandium corrumpitur;
Ctesipho autem in amorest totus. ego iam prospiciam mihi:
nam iăm abibo atque unum quicquid, quod quidem erĭt bellissimum, 590
carpam et cyathos sorbilans paullatim hunc producam diem.

MICIO HEGIO

MI. Ego in hac re nil reperio quăm ŏb rem lauder tanto opere, Hegio:
m<eu>m officium facio, quod peccatum a nobis ortumst corrigo.
nisi si me in illo credidisti esse hominum numero qui ita putant,
sibi fieri iniuriam ultro si quam fecere ipsi expostules, 595
et ultro accusant. id quia non est a me factum agi' gratias?
HE. ah minime: numquam te aliter atque es in animum induxi meum.
sed quaeso ut una mecum ad matrem virginis eăs, Micio,
atque istaec eadem quae mihi dixti tute dicas mulieri:

DÊ: Como não?
SI: Passando lá pegue uma rua para cima.
Bem adiante tem uma baixada, lá despenca. Então, 575
tem do lado um templozinho e uma ruela perto.
DÊ: Onde?
SI: Ali do lado da figueira grande.
DÊ: Sei.
SI: Então,
segue.
DÊ: Mas essa ruela é sem saída.
SI: É mesmo! Eita!
Sabes que sou ser humano? Errei! Pois volta ao pórtico.
Lá, de fato, irás mais rápido e com menos vagação. 580
Sabes onde mora o ricaço Cratinão?
DÊ: Sei bem.
SI: Passa lá e pega a esquerda até o templo de Diana,
à direita, antes de chegar até o portal, perto do poço
tem uma oficina e um moinho: é lá.
DÊ: Que faz por lá?
SI: Leitos – de jardim – com pés de mogno – encomendou ali. 585
DÊ: Onde vós ireis beber: que maravilha. Vou-me logo!
SI: Vai! (*à parte*) Eu vou fazer-te exercitar como mereces,
rango de velório! Como Ésquino demora! Já se esfria
o banquete; Ctêsifo tá bem lá dentro. Então, de mim
vou cuidar. Vou lá pra dentro e um copo ou dois – belíssimo! – 590
gole a gole beberico e assim passo eu o dia.

MICIÃO E HEGIÃO (B = octonários jâmbicos)

MI: Eu quanto a isso nada encontro de motivo a que me louves tanto:
o meu ofício faço, pois corrijo um erro que surgiu de nós.
Espero que não creias que sou desses homens que assim pensam:
a si se faz injúria mesmo se fizeram tudo que demandes, 595
e ainda acusam. Por não ter agido assim é que agradeces?
HE: Que nada! Nunca imaginei que fosses diferente do que és.
Mas peço que junto comigo até a mãe da virgem venhas,
e essas mesmas coisas que disseste a mim a ela digas:

suspicionem hanc propter fratrem ei(u)s esse et illam psaltriam. 600
MI. si ita aequom censes aut si ita opus est facto, eamu'.
HE. bene facis:
năm et illi<c> animum iam relevabi', quae dolore ac miseria
tabescit, et t<uo> officio fueri' functu'. sed si aliter putas,
egomet narrabo quae mihi dixti.
MI. immo ego ibo.
HE. bene facis.
omnes, quibu' res sunt minu' secundae, mage sunt nescioquo modo 605
suspiciosi; ad contumeliam omnia accipiunt magis;
propter suam inpotentiam se semper credunt claudier.
quapropter tĕ ĭpsum purgare ipsi coram placabilius est.
MI. et recte et verum dici'.
HE. sequere me ergo hac intro.
MI. maxume.

AESCHINVS

Discrucior animi: 610
hocin de inproviso mali mihi obicĭ tantum 610[a]
ut neque quid me faciam nec quid agam certu' siem!
membra metu debilia sunt; animu' timore obstipuit;
pectore consistere nil consilĭ quit.
vah 613[a]
quo modo mĕ ĕx hac expediam turba?
tanta nunc suspiciŏ de me incidit neque ea inmerito: 615
Sostrata credit mihi me psaltriam hănc emisse; id anus mi
indicium fecit. 617

que, se suspeita, é por conta do irmão, que a citarista é dele. 600
MI: Se assim discernes justo ou se é necessário, vamos.
HE: Ages bem.
Pois lá aliviarás a alma dela que se acaba de miséria
e dor, e teu ofício terás feito. Mas, se pensas de outra forma,
eu mesmo narrarei o que disseste.
MI: Eu mesmo vou.
HE: Ages bem.
Aqueles para os quais as coisas são desfavoráveis mais suspeitam, 605
de certo modo tudo mais aceitam como contumélia;
por causa de sua impotência sempre creem ser prejudicados.
Assim, mais agradável que te purgues a ti mesmo diante delas.
MI: Isso é verdade.
HE: Siga-me pra dentro, então.
MI: Mas com certeza!

ÉSQUINO (B = multis modis cantica: versos líricos predominância de coriambos e dátilos)

dói-me tanto meu coração: 610-617[24]
como pode de improviso um mau tão grande em mim cair?
como não sei nem que farei
nem como agir certo não é!
os membros de medo débeis estão;
a mente me foge tanto temor,
no coração plano nenhum cabe, ah!
como vou desta desgraça escapulir?
tanta suspei- ta agora de
mim aparece não sem razão:
Sóstrata crê- me a mim mesmo
tê-la comprado – a citarista –
isso a velha me disse.

năm ut hĭnc forte ad obstetricem erat missa, ubi vidi, ilico 618
accedo, rogito Pamphilā quid agat, iam partus adsiet,
<eo>n obstetricem accersat. illa exclamat "abi abi iam, Aeschine, 620
sati' diŭ dedisti verba, sat adhuc tua nos frustratast fides."
"hem quid ĭstuc obsecro" inquam "est?" "valeas, habeas illam quae placet."
sensi ilico id ĭllas suspicari, sed me reprehendi tamen
nequid de fratre garrulae illi dicerem ac fieret palam.
nunc quid faciam? dicam fratris esse hanc? quod minimest opus 625
usquam ecferri. ac mitto: fieri potis est ut nequa exeat:
ipsum id metuo ut credant. tot concurrunt veri similia:
egomet rapui ipse, egomet solvi argentum, ad mĕ ăbductast domum.
haec adeo meă culpa fateor fieri: non me hanc rem patri,
utut erat gesta, indicasse. exorassem ut eam ducerem. 630
cessatum usque adhuc est: iam porro, Aeschine, expergiscere!
nunc hoc primumst: ad ĭllas ibo ut purgem me; accedam ad fores.
perii! horresco semper ubi pultare hasce occipio miser.
heus heus Aeschinus ego sum: aperite aliquis actutum ostium.
prodit nescioquis: concedam huc. 635

MICIO AESCHINVS

MI. Ita uti dixi, Sostrata,
facite; ego Aeschinum conveniam, ut quomodo acta haec sunt sciat.
sed quis ostium hic pultavit?
AE. pater hercle est: perii.
MI. Aeschine,
AE. quid huĭc hic negotist?
MI. tune has pepulisti fores?
(tacĕt. quor non ludo hunc aliquantisper? melius est,
quandoquidem hoc numquam mihi ĭpse voluit credere.) 640
nil mihi respondes?
AE. non equidem istas, quod sciam.
MI. ita? nam mirabar quid hĭc negoti esset tibi.
(erubuit: salva res est.)

(B/C = septenários trocaicos e octonários jâmbicos; somente septenários a partir de 625)

Por acaso eu a vi quando a parteira ia chamar; 618
me aproximo, rogo a quantas anda Pânfila, se o parto é logo,
se é por isso que busca a parteira. Ela exclama: "some, some! 620
traíste-nos demais, palavra falsa tua frustra nossa fides!"
"O que é isso", digo, "hein?", "Adeus, e tem aquela que te apraz."
Percebo ali que elas suspeitam, mas seguro-me pra que
aquela fofoqueira não soubesse nada sobre meu irmão.
Que fazer agora? Digo que a moça não é minha? 625
Não convém. Pois deixa, pode ser que nem se espalhe.
Temo que nem creiam mais em mim, é tudo verossímil:
Eu que raptei, paguei, e ela foi pra minha casa.
Nisso até a minha culpa eu admito. Mas não ter
a meu pai contado tudo! Pediria pra casar. 630
Demorei até agora! Vamos, mexe-te, Ésquino!
Vou, primeiro, desculpar-me lá com elas. Aproximo-me.
Ai de mim! Sempre estremeço quando bato nessa porta.
Ó de casa, é o Ésquino! Abram sem demora a porta!
Não sei quem está saindo, vou sumir. 635

MICIÃO E ÉSQUINO (A = senários jâmbicos a partir de 638)

MI: E como eu disse,
Sóstrata, se faça, encontro Ésquino para que saiba.
Quem bateu na porta?
ÉS: É meu pai, tô morto!
MI: Ésquino!
ÉS: Que fazes tu aqui?
MI: Bateste nessa porta?
(*à parte*) Calou. Por que não brinco um pouco? É melhor,
pois nunca quis contar a mim o que passou-se. 640
(*a Ésquino*) Não me respondes?
ÉS: Não bati aqui, que eu saiba.
MI: É mesmo? Perguntava-me o que farias aqui.
(*à parte*) Enrubesceu: a coisa está salva.

AE. dic sodes, pater,
tibi vero quid ĭstic est rei?
MI. nil mihi quidem.
amicu' quidam me a foro abduxit modo 645
huc – advocatum sibi.
AE. quid?
MI. ego dicam tibi:
habitant hic quaedam mulieres pauperculae;
ut opinor, <ea>s non nosse te, et certo scio,
neque enĭm diu huc migrarunt.
AE. quid tum postea?
MI. virgo est cum matre.
AE. perge.
MI. haec virgo orbast patre; 650
hic meus amicus illi genere est proxumus:
huic leges cogunt nubere hanc.
AE. perii!
MI. quid est?
AE. nil: recte: perge.
MI. is venit ut secum avehat,
nam habitat Mileti.
AE. hem virginem ut secum avehat?
MI. sic est.
AE. Miletum usque obsecro?
MI. ita.
AE. animo malest. 655
quid ĭpsae? quid aiunt?
MI. quid ĭllas censes? nil enim.
commenta mater est esse ex alio viro
nescioquo puerum natum, neque eum nominat;
priorem esse illum, non oportere huic dari.
AE. eho nonne haec iusta tibi videntur postea? 660
MI. non.
AE. obsecro non? an ĭllam hinc abducet, pater?
MI. quid ĭllam nĭ ăbducat?
AE. factum a vobis duriter
inmisericorditerque atque etiam, si est, pater,

ÉS: Diz, papai,
o que tens tu com esse povo aí.
MI: Eu, nada.
Foi um amigo meu que trouxe-me do fórum, 645
pra ser o seu advogado.
ÉS: Quê?
MI: Vou te dizer:
Aqui habitam umas pobrezinhas, e acho
que tu não as conheces, pois eu sei, decerto
pra cá migraram não faz muito tempo.
ÉS: O quê, então?
MI: Há uma virgem com a mãe.
ÉS: Então.
MI: A moça é 650
sem pai, e meu amigo é deles próximo:
com ele as leis obrigam-na a casar.
ÉS: Morri!
MI: Que foi?
ÉS: Foi nada. Certo. Segue.
MI: Ele vem levá-la,
pois mora lá em Mileto.
ÉS: Ai, leva a virgem junto?
MI: Assim será.
ÉS: Até Mileto?
MI: Isso.
ÉS: Péssimo! 655
E elas? O que dizem?
MI: Que diriam? Nada, ora.
A mãe comenta que de um certo homem não sei qual
nasceu um filho, mas ela não diz o nome dele,
alega que esse vem primeiro, não deve cedê-la.
ÉS: E não parece a ti que assim será mais justo? 660
MI: Não.
ÉS: Como não? E vai daqui levá-la embora, pai?
MI: Por que não levaria?
ÉS: O que se fez por vós foi duro
e sem misericórdia, e até mesmo, se eu puder

dicendum magis aperte, inliberaliter.
MI. quăm ŏb rem?
AE. rogas me? quid ĭlli tandem creditis 665
fore animi misero quĭ ĭllam consuevit prior,
qui infelix haud scio an ĭllam misere nunc amet,
quom hanc sibi videbit praesens praesenti eripi,
abduci ab oculis? facinus indignum, pater!
MI. qua ratione istuc? quis despondit? quis dedit? 670
quoi quando nupsit? auctor his rebus quis est?
quor duxit alienam?
AE. an sedere oportuit
domĭ virginem tam grandem dum cognatus huc
illim veniret exspectantem? haec, mi pater,
te dicere aequom fuit et id defendere. 675
MI. ridiculum! advorsumne illum causam dicerem
quoi veneram advocatu'? sed quid ĭsta, Aeschine,
nostra? aut quid nobis cum illis? abeamus. quid est?

quid lacrumas?
AE. pater, obsecro, ausculta.
MI. Aeschine, audivi omnia
et scio; nam tĕ amo, quo mage quaĕ agi' curae sunt mihi. 680
AE. ita velim me promerentem ames dum vivas, mi pater,
ut me hoc delictum admisisse in me, id mihi vehementer dolet
et me tuĭ pudet.
MI. credo hercle, nam ingenium novi tuom
liberale; sed vereor ne indiligens nimium sies.
in qua civitate tandem te arbitrare vivere? 685
virginem vitiasti quam te non ius fuerat tangere.
iăm ĭd peccatum primum sane magnum, at humanum tamen:
fecere alii saepe item boni. at postquam id ĕvenit, cedo
numquid circumspexti? aut numquid tute prospexti tibi
quid fieret, qua fieret? si te mi ipsum puduit proloqui, 690
qua resciscerem? haec dum dubitas, menses abierunt decem.
prodidisti te et ĭllam miseram et gnatum, quod quidem ĭn te fuit.

dizer mais claramente, pai, bem pouco honesto!
MI: Por que motivo?
ÉS: Rogas? Que pensais será daquele 665
primeiro, pobre, a se relacionar com ela,
que, infeliz, não sei se não a ame ainda,
ao ver que ela, presente, a si, presente, se arrebata
abduz-se de seus olhos? Crime indigno, pai!
MI: Por que razão? Pois quem a deu? Quem prometeu? 670
Com ele quando se casou? Quem consentiu?
Por que casou com outra?
ÉS: Pois convinha a moça
adulta já ficar sentada em casa esperando
até chegar o tal parente? Isso, pai,
seria justo que dissesses e que defendesses. 675
MI: Ridículo! Eu diria a causa contra aquele
a quem eu vinha defender? Mas, que isso importa
a nós? Que temos nós com elas? Vamos. O que foi?

(C = septenários trocaicos)

Por que choras?
ÉS: Pai, imploro, escuta.
MI: Ésquino, já sei
tudo, e tudo ouvi.[25] Por te amar, preocupa-me o que fazes. 680
ÉS: Pois assim me ames, merecente, enquanto vivas, pai.
Como admito este delito contra mim, deveras dói,
e de ti tenho vergonha.
MI: Hércules, eu creio, pois
sei de teu engenho, mas eu temo te descuides.
Pois por fim em qual cidade achavas que vivias? 685
Viciaste a virgem em quem não deverias encostar.
Isso já pecado grande foi, porém humano:
outros o fizeram, e dos bons. Mas quando aconteceu,
diz, em nada refletiste? Não pensaste nada,
que fazer, como fazer? Envergonhado dizes-te, 690
como eu descobriria? Enquanto pensas, meses passam-se
já os dez. Abandonaste a ti, a ela e ao filho.

quid? credebas dormienti haec tibi confecturos deos?
et ĭllam sine tua opera in cubiculum iri deductum domum?
nolim ceterarum rerum te socordem <eo>dem modo. 695
bono animo es, duces uxorem.

AE. hem.

MI. bono animo es inquam.

AE. pater, obsecro, nunc ludi' tu mē?

MI. ego te? quăm ŏb rem?

AE. nescio:

quia tam misere hoc esse cupio verum, eo vereor magis.
MI. abĭ domum ac d<eo>s conprecare ut uxorem accersas: abi.
AE. quid? iăm ŭxorem?

MI. iam.

AE. iam?

MI. iam quantum potest.

AE. di me, pater, 700

omnes oderint ni mage te quam oculos nunc ego amo meos.
MI. quid? quam illam?

AE. aeque.

MI. perbenigne.

AE. quid? ĭlle ubist Milesius?

MI. periit abiit navem escendit. sed quor cessas?
AE. abĭ, pater, tu potius d<eo>s conprecare; nam tibi <eo>s certo scio,
quo vir melior multo es quăm ego, obtemperaturos magis. 705
MI. ego eo intro ut quae opu' sunt parentur: tu fac ŭt dixi, si sapis. –

AE. quid hŏc est negoti? hoc est patrem esse aut hoc est filium esse?
si frater aut sodalis esset, qui mage morem gereret?
hic non amandus, hicine non gestandus in sinust? hem.
itaque adeo magnam mi iniicit s<ua> commoditate curam 710
nĕ ĭnprudens forte faciam quod nolit: sciens cavebo.
sed cesso ire intro, ne morae m<ei>s nuptiis egomet siem?

Quê? Pensavas que dormindo os deuses tudo solveriam?
E ela sem o teu esforço levariam pro quartinho?
Não queria quanto a essas coisas seres tão inepto. 695
Fica de bom ânimo, pois casas-te.
ÉS: Ai!
MI: Sossega.
ÉS: Pai, imploro, tu me enganas?
MI: Eu a ti? Por quê?
ÉS: Não sei:
pois eu quero tanto que isso seja vero, e muito temo.
MI: Vai pra casa orar aos deuses pra que tenhas a esposa.
ÉS: Quê? Esposa, já?
MI: Já.
ÉS: Já?
MI: Já, assim que dê.
ÉS: Os deuses todos, 700
pai, me odeiem se não mais a ti do que aos meus olhos amo.
MI: Quê? Até do que ela?
ÉS: Igual.
MI: É isso aí.
ÉS: Mas e o Milésio?
MI: Pereceu partiu subiu no barco. Vai, por que demoras?
ÉS: Pai, devias tu orar aos deuses, pois eu sei, a ti,
por que és bem melhor homem que eu, mais te amarão. 705
MI: Entro para tudo preparar: faz o que eu disse. (Sai)

(B = septenários e octonários jâmbicos)

ÉS: O que é isso? Isso é ser um pai ou isso é ser um filho?
Se fosse um irmão, amigo, como mais o agradaria?
A ele não se deve amar, levar no peito ao lado esquerdo?
Assim me inspirou cuidado enorme com sua bondade, 710
que eu não faça por acaso o que não queira: ciente, cuido.
Demoro a ir pra dentro: que eu não seja o atraso para as minhas núpcias!

DEMEA

DE. Defessu' sum ambulando: ut, Syre, te cum tua
monstratione magnu' perdat Iuppiter!
perreptavi usque omne oppidum: ad portam, ad lacum, 715
quo non? neque ĭlli fabrica ulla erat nec fratrem homo
vidisse se aibat quisquam. nunc vero domi
certum obsidere est usque donec redierit.

MICIO DEMEA

MI. Ibo, illis dicam nullam esse in nobis moram.
DE. sed ĕccum ipsum. te iamdudum quaero, Micio. 720
MI. quidnam?
DE. fero alia flagitia ad te ingentia
boni illi(u)s adulescentis.
MI. ecce autem!
DE. nova,
capitalia.
MI. ohe iam.
DE. ah nescis qui vir sit.
MI. scio.
DE. ah stulte, tu de psaltria me somnias
agere: hoc peccatum in virginemst civem. 725
MI. scio.
DE. oho scis et patere?
MI. quidni patiar?
DE. dic mihi, non clamas? non insanis?
MI. non: malim quidem . .
DE. puĕr natust.
MI. di bene vortant!
DE. virgo
nil habet.
MI. audivi.
DE. et ducenda indotatast.
MI. scilicet.
DE. quid nunc futurumst?
MI. id enĭm quod res ipsa fert: 730

DÊMEA (A = senários jâmbicos)

DÊ: Cansado estou de andar: ó Siro, a ti e às tuas
indicações o grande Júpiter fulmine!
Eu rastejei pela cidade inteira: à porta, ao poço, 715
aonde não? Nem lá tinha oficina alguma ou gente
que o irmão tivesse visto. Agora, em frente à casa
melhor é aguardar sentado até que ele volte.

MICIÃO E DÊMEA

MI: Irei dizer a elas que de nós não há demora.
DÊ: Mas eis o próprio. Busco-te faz tempo, Micião. 720
MI: Pois não?
DÊ: Eu trago outras vergonhas, e das grandes,
daquele bom adolescente.
MI: Eis, de novo!
DÊ: Novas
e capitais.
MI: Espera lá.
DÊ: Não o conheces.
MI: Conheço.
DÊ: Besta, sonhas que eu menciono a citarista?
Este outro crime foi contra uma virgem, cidadã. 725
MI: Eu sei.
DÊ: Beleza! Sabes e permites?
MI: Por que não?
DÊ: Me diz: não gritas, não te enfureces?
MI: Não, prefiro...
DÊ: Nasceu uma criança!
MI: Os deuses queiram bem!
DÊ: A moça
é pobre!
MI: Ouvi.
DÊ: E tem que ser casada sem o dote!
MI: Exato.
DÊ: Que vai ser agora?
MI: Como a coisa exige: 730

illinc huc transferetur virgo.
DE. o Iuppiter,
istocin pacto oportet?
MI. quid faciam amplius?
DE. quid facias? si non ipsa re tibi ĭstuc dolet,
simulare certe est homini'.
MI. quin iam virginem
despondi; res compositast; fiunt nuptiae; 735
dempsi metum omnem: haec mage sunt homini'.
DE. ceterum
placet tibi factum, Micio?
MI. non, si queam
mutare. nunc quom non queo, animo aequo fero.
ita vitast hominum quasi quom ludas tesseris:
si illud quod maxume opus est iactu non cadit, 740
illud quod cecidit forte, id arte ut corrigas.
DE. corrector! nemp' tua arte viginti minae
pro psaltria periere: quae quantum potest
aliquo abiciundast, si non pretio at gratiis.
MI. neque est neque illam sane studeo vendere. 745
DE. quid igitur facies?
MI. domi erit.
DE. pro divom fidem!
meretrix et materfamilias una in domo?
MI. quor non?
DE. sanum te credis esse?
MI. equidem arbitror.
DE. ita me dĭ ament, ut video tuam ego ineptiam,
facturum credo ut habeas quicum cantites. 750
MI. quor non?
DE. et nova nupta eadem haec discet?
MI. scilicet.
DE. tŭ ĭnter eas restim ductans saltabis?
MI. probe.
DE. probe?
MI. et tu nobiscum una, si opu' sit.
DE. ei mihi!

transfere-se de lá pra cá a virgem.
DÊ: Júpiter!
Pode uma coisa dessas?
MI: Que mais faria eu?
DÊ: Que mais? Se a situação em si não dói em ti,
o certo, o mais humano, é simular!
MI: Mas ah, a moça
já prometi, 'tá tudo pronto, as núpcias se farão. 735
O medo eu espantei. É isso que é humano.
DÊ: Então,
o feito te agrada?
MI: Não, se eu pudesse
mudar. Mas como isso não posso, a alma sossego.
Assim é a vida humana, como quando jogas dados:
se aquilo que é mais necessário não caiu no lance, 740
aquilo que caiu corrijas com engenho e arte.
DÊ: Ó corretor! Por causa de tua arte, vinte minas
morreram pela citarista. Assim que se puder
devemos revendê-la, qualquer preço, até de graça.
MI: Pois nem vender devemos nem mesmo pretendo. 745
DÊ: O que farás?
MI: Em casa ficará.
DÊ: Por deus!
Matrona de família e prostituta em casa, juntas?
MI: E por que não?
DÊ: Tu bates bem?
MI: Claro que sim.
DÊ: Os deuses me amem, tal como eu vejo tua inépcia,
farás com que possuas quem possa cantar contigo. 750
MI: E por que não?
DÊ: E a noiva ali aprende junto?
MI: Exato.
DÊ: E tu no meio delas danças sensual?
MI: Certinho.
DÊ: Certo?
MI: E junto tu, se necessário.
DÊ: Deus!

non te haec pudent?
MI. iam vero omitte, Demea,
tuam istanc iracundiam atque ita uti decet 755
hilarum ac lubentem fac te gnati in nuptiis.
ego hos convenio, post huc redeo.
–*DE.* o Iuppiter,
hancin vitam! hoscin mores! hanc dementiam!
uxor sine dote veniet; intu' psaltriast;
domu' sumptuosa; adulescens luxu perditus; 760
senex delirans. ipsa si cupiat Salus,
servare prorsu' non potest hanc familiam.

Não te envergonha nada?

MI: Sério, Dêmea, deixa estar

a tua iracúndia e, assim como convém, 755

alegra-te e sorri do filho se casar.

Vou encontrá-los e depois retorno.

DÊ: Júpiter!

Que vida! Que costumes! Que demência a deles!

A esposa vem sem dote; e dentro a citarista;

a casa é suntuosa; o filho está perdido em luxo; 760

o velho, delirante. Se a própria Salvação[26]

salvar quisesse essa família, nunca poderia.

ACTVS V

SYRVS DEMEA

SY. Edepol, Syrisce, te curasti molliter
lauteque munus administrasti tuom:
abĭ. sed postquam intu' sum omnium rerum satur, 765
prodeambulare huc lubitum est.
DE. illud sis vide:
exemplum disciplin<ae>!
SY. ecce autem hic adest
senĕx noster. quid fit? quid tu es tristis?
DE. oh scelus!
SY. ohe iam! tu verba fundis hic, Sapientia?
DE. tun si meus esses,
SY. dis quidem esses, Demea, 770
ac t<ua>m rem constabilisses.
DE. exempla omnibus
curarem ut esses.
SY. quăm ŏb rem? quid feci?
DE. rogas? in ipsa turba atque in peccato maxumo,
quod vix sedatum satis est, potatis, scelus,
quasi re bene gesta.
SY. sane nollem huc exitum. 775

DROMO SYRVS DEMEA

DR. Heus Syre, rogat te Ctesipho ut redeas.
SY. abi. –
DE. quid Ctesiphonem hic narrat?
SY. nil.
DE. eho carnufex,
est Ctesipho intu'?
SY. non est.
DE. quor hic nominat?

Ato V

SIRO E DÊMEA

SI: Por deus, Sirinho, doce bem fizeste a ti;
o teu ofício administraste fartamente!
Vê lá! Depois que ali dentro saturei-me 765
de tudo, é bom dar uma andada aqui.
DÊ: Mas vede só:
o exemplo em disciplina!
SI: Eis que se aproxima
o nosso velho. (*a Dêmea*) Então? Por que estás triste?
DÊ: O crime!
SI: Mas já? Tu vais jorrar palavras, Sapiência?
DÊ: Se fosses meu...
SI: Tu já estarias rico, Dêmea, 770
terias garantido a coisa toda.
DÊ: Exemplo a todos
eu cuidaria que tu fosses.
SI: Mas por quê? Que fiz?
DÊ: Perguntas? Pois no meio da baderna toda,
que ainda nem se resolveu, bebeste, traste, como
se tudo bem estivesse.
SI: Não devia ter saído... 775

DROMO, SIRO E DÊMEA

DR: Ô Siro, Ctêsifo pediu que tu retornes.
SI: Sai!
DÊ: De qual Ctêsifo ele diz?
SI: Nenhum...
DÊ: Bandido!
Está ali dentro Ctêsifo?
SI: 'Tá não.
DÊ: Que disse ele?

SY. est aliu' quidam, parasitaster paullulus:
nostin?
DE. iam scibo.
SY. quid agi'? quŏ abis? 780
DE. mitte me.
SY. noli inquam.
DE. non manum abstines, mastigia?
an tibi iam mavis cerebrum dispergam hic?
SY. abît. – edepol comissatorem haud sane commodum,
praesertim Ctesiphoni! quid ego nunc agam?
nisi, dum haec silescunt turbae, interea in angulum 785
aliquo abeam atque edormiscam hoc villi: sic agam.

MICIO DEMEA

MI. Parata a nobis sunt, ita ŭt dixi, Sostrata:
ubi vis . . quisnam a me pepulit tam graviter fores?
DE. ei mihi! quid faciam? quid agam? quid clamem aut querar?
"o caelum, o terra, o maria Neptuni!"
MI. em tibi! 790
rescivit omnem rem: id nunc clamat: ilicet;
paratae lites: succurrendumst.
DE. eccum adest
communi' corruptela nostrum liberum.
MI. tandem reprime iracundiam atque ad te redi.
DE. repressi redii, mitto maledicta omnia: 795
rĕm ĭpsam putemu'. dictum hoc inter nos fuit
(ex tĕ adeo ortumst) ne tu curares meum
neve ego tuom? responde.
MI. factumst, non nego.
DE. quor nunc apud te potat? quor recipis meum?
quor emis amicam, Micio? numqui minus 800
mihi idem ius aequomst esse? quid mecumst tibi?
quando ego tuom non curo, ne cura meum.
MI. non aequom dici'.
DE. non?
MI. nam vetu' verbum hoc quidemst,

SI: É outro o que ele disse, um parasitazinho aí:
conheces?
DÊ: Já vou descobrir.
SI: Que é isso? Aonde vais? 780
DÊ: Me larga.
SI: Melhor não.
DÊ: Não largas mão, tranqueira?
Ou queres que esparrame teus miolos na calçada?
SI: Saiu. Não vai ser nada bom como conviva,
especialmente para Ctêsifo! E o que farei, então?
Melhor, enquanto a turba silencia, em qualquer canto 785
vou escapar e cochilar esse vinhote.[27] Isso.

MICIÃO E DÊMEA

MI: Já preparamos tudo, como tinha dito, Sóstrata:
assim que... Quem me vem batendo a porta desse jeito?
DÊ: Que faço? Ai de mim! Como agirei? Que grito?
Ó céus, ó terra, ó mares de Netuno!
MI: Ih, é o Dêmea! 790
Já deve ter ouvido tudo. E grita. Pronto.
Lá vem litígio: devo socorrer.
DÊ: Mas eis!
Aí está a corrupção comum de nossos filhos.
MI: Reprime essa iracúndia toda e volta a ti.
DÊ: Já reprimi, já estou em mim, já deixo as brigas todas: 795
pensemos só na situação. Foi dito que entre nós
(de ti que veio), então, do meu tu não cuidasses
nem eu do teu? Responde.
MI: Fez-se, não se nega.
DÊ: Por que então o recebes na tua casa e lá ele bebe?
Por que comprar a prostituta, Dêmea? Acaso não 800
seria justo ser da mesma forma a mim? Por que ele
está contigo? Se do teu não cuido, deixa o meu.
MI: Não falas justamente.
DÊ: Não?
MI: Tem um velho ditado

communia esse amicorum inter se omnia.
DE. facete! nunc demum istaec nata oratiost? 805
MI. ausculta paucis nisi molestumst, Demea.
principio, si id te mordet, sumptum filii
quem faciunt, quaeso hoc facito tecum cogites:
tŭ ĭllos duo olim pro re tolerabas tua,
quod sati' putabas tua bona ambobus fore, 810
et me tum uxorem credidisti scilicet
ducturum. <ea>ndem illam rationem antiquam optine:
conserva quaere parce, fac quam plurumum
illis relinquas, gloriam tŭ ĭstam optine.
mea, quae praeter spem evenere, utantur sine. 815
de summa nil decedet: quod hĭnc accesserit
id de lucro putato esse omne. haec si voles
in animo vere cogitare, Demea,
et mihi et tibi et illis dempseris molestiam.
DE. mitto rem: consuetudinem amborum . .
MI. mane: 820
scio; istuc ibam. multa in homine, Demea,
signa insunt ex quibu' coniectura facile fit,
duo quŏm idem faciunt saepe, ut possis dicere
"hoc licet inpune facere huic, illi non licet",
non quo dissimili' res sit sed quŏ ĭs qui facit. 825
quaĕ ego inesse illis video, ut confidam fore
ita ŭt volumu'. video [<eo>s] sapere intellegere, in loco
vereri, inter se amare: scire est liberum
ingenium atque animum: quovis illos tu die
redducas. at enĭm metuas nĕ ăb re sint tamen 830
omissiores paullo. o noster Demea,
ad omnia alia aetate sapimus rectius;
solum unum hoc vitium adfert senectus hominibus:
adtentiores sumus ad rem omnes quam sat est:
quod ĭllos sat aetas acuet.
DE. ne nimium modo 835
bonae tuae istae nos rationes, Micio,
et tuos iste animus aequo' subvortat.
MI. tace:

que diz que tudo é comum entre os amigos.
DÊ: Sagaz! Mas só agora vens com tal conversa. 805
MI: Escuta um pouco se não te incomoda, Dêmea.
Primeiro, se o que te morde é o gasto todo
que eles fazem, peço que contigo penses:
outrora tu cuidavas deles dois com teus recursos
então pensavas que terias o suficiente 810
em bens e achavas que eu não me casaria.
Pois essa mesma ideia antiga podes preservar:
conserva, poupa, guarda, deixa o máximo que podes
a eles; esta glória a ti tu podes preservar.
Meus bens, que pela sorte obtive, deixa usar. 815
Da soma nada faltará: aquilo que eu der
a isso tudo considera como lucro. Se quiseres
no âmago considerar com atenção, ó Dêmea,
a mim, a ti e a eles livrarás de tal moléstia.
DÊ: Eu deixo isso. Os costumes deles...
MI: Para: 820
já sei, aí chegava. Há nos homens, Dêmea,
sinais diversos pelos quais se faz conjectura,
tal quando dois procedem igualmente sempre, mas
dirás: "pode este fazer isso impune, o outro não",
mas não porque a coisa seja diferente, e sim quem faz. 825
As coisas que eu vejo neles, eu confio,
serão como queremos. Vejo que discernem, sabem,
na hora certa temem, amam-se entre si, é certo
que o engenho e a alma deles são honoráveis. Quando queres
os pões na linha. No entanto temes que eles sejam 830
um tanto descuidados quanto ao dinheiro. Dêmea!
Sabemos mais em todas outras coisas pela idade,
mas um só vício vem com a velhice aos homens:
nós somos todos mais atentos ao dinheiro que o ideal,
o que a idade faz com eles logo.
DÊ: Espero, só 835
que tuas belas falas, Micião, e que este teu
bom ânimo não subverta a nós.
MI: Ah, cala-te:

non fiet. mitte iăm ĭstaec; da te hodie mihi:
exporge frontem.
DE. scilicet ita tempu' fert:
faciundumst. ceterum ego rus cras cum filio 840
cum primo luci ibo hinc.
MI. de nocte censeo:
hodie modo hilarum te face.
DE. et ĭstam psaltriam
una illuc mecum hinc abstraham.
MI. pugnaveris:
eŏ pacto prorsum illi adligaris filium.
modo facito ut illam serves.
DE. ego ĭstuc videro, 845
atque ibi favillae plena, fumi ac pollinis
coquendo sit faxo et molendo; praeter haec
meridie ipso faciam ut stipulam colligat:
tăm ĕxcoctam reddam atque atram quam carbost.
MI. placet:
nunc mihi videre sapere. atque equidem filium 850
tum, etiam si nolit, cogam ut cŭm ĭlla una cubet.
DE. derides? fortunatu's qui isto animo sies.
ego sentio . .
MI. ah pergisne?
DE. iam iam desino.
MI. ĭ ĕrgo intro, et quoi r<ei>st <ei> r<ei> [hilarum] hunc sumamus diem.

DEMEA

Numquam ita quisquam bene subducta ratione ad vitam fuit 855
quin res aetas usu' semper aliquid adportet novi,
aliquid moneat: ut ĭlla quae te scisse credas nescias,
et quae tibi putaris prima, in experiundo ut repudies.
quod nunc mi evenit; nam ego vitam duram quam vixi usque adhuc
iam decurso spatio omitto. id quăm ŏb rem? re ipsa repperi 860
facilitate nil esse homini meliu' neque clementia.
id ĕsse verum ex mĕ ătque ex fratre quoivis facilest noscere.
ill' s<ua>m semper egit vitam in otio, in conviviis,

não vão. E deixa dessas coisas, entrega-te hoje a mim,
alisa a fronte.
DÊ: É fato, o tempo assim o pede:
farei. De resto, amanhã cedo, ao campo com o filho 840
à prima luz irei daqui.
MI: À noite, penso.
Mas hoje sejas agradável.
DÊ: E esta citarista
daqui junto comigo arrastarei.
MI: E vencerás:
assim conseguirás teu filho ali prender.
Garante que a consiga ali guardar.
DÊ: Isso farei 845
e ali cheia de cinzas, fumo e muito pó
de tanto cozinhar a deixo, e de moer, e mais
ao meio dia faço que ela vá colher a palha:
a deixo tão queimada e escura qual carvão.
MI: Aí!
Agora mostras-te saber. Também de fato o filho 850
então, ainda que não queira, faz deitar-se co'ela.
DÊ: Divertes-te? Afortunado és por tal espírito.
Eu penso...
MI: Ah, insistes?
DÊ: Paro, então.
MI: Pois entra: seja este um dia feliz como convém.

DÊMEA (C = septenários trocaicos)

Nunca houve a alguém um plano para a vida tão bem feito 855
que a circunstância, idade, o uso não aporte ao novo e
algo ensine: as coisas que saber pensavas, ignoras,
e as coisas que pensavas antes, com experiência
repudias. Isso aconteceu. Agora, a vida dura
que levava eu abandono. E por quê? Eu descobri 860
nada ser melhor ao homem que a bondade ou a clemência.
Que é assim, por mim e pelo irmão, é fácil perceber.
Ele sua vida sempre leva em ócio e em banquetes,

clemens placidu', nulli laedere os, adridere omnibus;
sibi vixit, sibi sumptum fecit: omnes bene dicunt, amant. 865
ego ĭlle agresti' saevo' tristi' parcu' truculentus tenax
duxi uxorem: quam ibi miseriam vidi! nati filii,
alia cura. heia autem, dum studeo illis ut quam plurumum
facerem, contrivi in quaerundo vitam atque aetatem meam:
nunc exacta aetate hoc fructi pro labore ab eis fero, 870
odium; ille alter sine labore patria potitur commoda.
illum amant, me fugitant; illi credunt consilia omnia,
illum diligunt, apud illum sunt ambo, ego desertu' sum;
illum ut vivat optant, meam autem mortem exspectant scilicet.
ita eos meŏ labore eductos maxumo hic fecit suos 875
paullo sumptu: miseriam omnem ego capio, hic potitur gaudia.
age age, nunciam experiamur contra ecquid ego possiem
blande dicere aut benigne facere, quando hoc provocat.
ego quoque a meis me amari et magni pendi postulo:
si id fit dando atque obsequendo, non posteriores feram. 880
deerit: id meă minime refert qui sum natu maxumus.

SYRVS DEMEA

SY. Heus Demea, orat frater ne abeas longius.
DE. quis homo? o Syre noster, salve: quid fit? quid agitur?
SY. recte.
DE. optumest. (iam nunc haec tria primum addidi
praeter naturam: "o noster, quid fit? quid agitur?") 885
servom haud inliberalem praebes te et tibi
lubens bene faxim.
SY. gratiam habeo.
DE. atqui, Syre,
hoc verumst et ĭpsa re experiere propediem.

GETA DEMEA <SYRVS>

GE. Era, ego huc ad hos proviso quam mox virginem
accersant. sed ĕccum Demeam. salvos sies. 890
DE. o qui vocare?

plácido, clemente, nunca ofende, ri com todos;
para si viveu e fez os gastos: amam-no, bendizem. 865
Eu sou o selvagem, rústico, sovina e truculento;
me casei: aí quanta miséria vi! Nasceram filhos,
mais preocupações. Enquanto esforço-me que tenham tudo
destruí na busca a vida e a idade minhas.
Finda a vida, é esse o *pro labore* que recebo deles: 870
ódio. Aquele outro, sem esforço ganha os louros
de ser pai. A ele amam e de mim só fogem. Os planos
lhe confiam, junto dele estão os dois, e eu, deserto.
Querem vivo a ele, mas de mim a morte esperam.
Esses, educados pelo meu labor, fez seus com 875
pouco gasto: a miséria é o que eu recebo, e ele, o gozo.
Vai! Agora experimento se, ao contrário, posso ser
brando nas palavras, bom nos atos, já que a hora pede.
Eu também dos meus o ser amado e valorado busco:
Se isso faz-se dando e obsequiando, venço-os todos. 880
Faltarão recursos: nada ligo, já que estou tão velho.

SIRO E DÊMEA (A = senários jâmbicos)

SI: Ó Dêmea, salve, o irmão te pede que não partas.
DÊ: Quem é? Ó, nosso Siro, salve! Como estás? Que passa?
SI: Vou bem.
DÊ: Que ótimo. (*à parte*) Já acrescentei três coisas
à minha natureza: "nosso", "como estás?", "que passa?". 885
Escravo muito honesto mostras-te e a ti
com gosto farei bem.
SI: 'Brigado!
DÊ: Ainda, Siro,
verás que isso é verdade logo pela coisa em si.

GETA, DÊMEA E (SIRO)

GE: (*falando para dentro ao sair*) Senhora, eu vou até a casa ao lado ver quão logo
a moça buscam. Eis o Dêmea. Salvo estejas! 890
DÊ: Ó... qual teu nome?

GE. Geta.

DE. Geta, hominem maxumi
preti te esse hodie iudicavi animo meo.
năm ĭs mihi profectost servo' spectatus satis
quoi dominu' curaest, ita uti tibi sensi, Geta,
et tibi ob eam rem, siquid usus venerit, 895
lubens bene faxim. (meditor esse adfabilis,
et bene procedit.)

GE. bonus es quŏm haĕc existumas.
DE. paullatim plebem primulum facio meam.

AESCHINVS DEMEA SYRVS GETA

AE. Occidunt mequidem dum nimi' sanctas nuptias
studĕnt facere: in adparando consumunt diem. 900
DE. quid agitur, Aeschine?

AE. ehĕm, pater mi, tŭ hĭc eras?
DE. tuos hercle vero et animo et natura pater,
qui tĕ amat plus quam hosce oculos. sed quor non domum
uxorem accersi'?

AE. cupio; verum hoc mihi moraest,
tibicina et hymenaeum qui cantent. 905
DE. eho vin tu huic seni auscultare?

AE. quid?

DE. missa haec face,
hymenaeum turbas lampadas tibicinas,
atque hanc in horto maceriam iubĕ dirui
quantum potest: hac transfer: unam fac domum;
transduce et matrem et familiam omnem ad nos.

AE. placet, 910
pater lepidissime. *DE.* (euge! iam lepidus vocor.
fratri aedes fient perviae, turbam domum
adducet, [et] sumptu amittet multa: quid mea?
ego lepidus ineo gratiam. iubĕ nunciam
dinumeret illi Babylo viginti minas.) 915
Syre, cessas ire ac facere?

SY. quid ago?

GE: Geta.

DÊ: Geta, claro, homem
de enorme apreço hoje julgo aqui comigo que és.
Pois para mim aquele escravo que é considerado
é aquele que bem cuida da família, como vejo
a ti. Portanto, caso tenha ocasião, a ti 895
com gosto farei bem. (*à parte*) Me julgo ser afável,
a coisa está indo bem.

GE: És bom por esse julgamento.

DÊ: Primeiro, aos poucos faço a plebe toda minha.

ÉSQUINO, DÊMEA, SIRO E GETA

ÉS: Me matam quando quanto às núpcias confirmadas
esforçam-se em excesso: gastam o dia a preparar. 900

DÊ: Que passa, Ésquino?

ÉS: E aí, meu pai, aqui estavas?

DÊ: Teu pai, de fato, pela natureza e espírito,
aquele que te ama mais que aos olhos. Por que não
levaste a esposa para casa?

ÉS: Eu quero, mas demoram
aqueles que nos cantam o himeneu e o flautista. 905

DÊ: Mas queres escutar a esse velho?

ÉS: Quê?

DÊ: Pois deixa
pra lá: as tochas, himeneu, flautistas, tudo:
e o muro no jardim ordena que destruam
assim que der. Traz todos para cá, faz uma casa:
transfere a mãe e todos da família.

ÉS: Apraz-me, 910
pai charmosíssimo. *DÊ:* (*à parte*) E viva! Eu já sou charmoso!
Que a casa do irmão se abra, e a turba se amontoe
com todo o gasto que isso traga: que me importa?
Eu, charmoso, caio em graças. E agora
que aquele babilônio[28] conte as vinte minas. 915
Por que demoras, Siro? Vamos!

SI: Eu?

DE. dirue.
tu ĭllas abi et transduce.
GE. di tibi, Demea,
bene faciant, quom te video nostrae familiae
tăm ĕx animo factum velle.
DE. dignos arbitror. – quid tŭ ais?
AE. sic opinor.
DE. multo rectiust 920
quăm ĭllam puerperam hac nunc duci per viam
aegrotam.
AE. nil enĭm meliu' vidi, mi pater.
DE. sic soleo. sed ĕccum Micio egreditur foras.

MICIO DEMEA AESCHINVS

MI. Iubĕt frater? ubi is est? tu[n] iubes hoc, Demea?
DE. ego vero iubeo et hac re et aliis omnibus 925
quam maxume unam facere nos hanc familiam,
colere adiuvare adiungere.
AE. ita quaeso, pater.
MI. haud aliter censeo.
DE. immo hercle ita nobis decet.
primum hui(u)s uxorist mater.
MI. est. quid postea?
DE. proba et modesta.
MI. ita aiunt.
DE. natu grandior. 930
MI. sciŏ.
DE. parere iamdiu haec per annos non potest;
nec qui <ea>m respiciat quisquam est: solast.
MI. quăm hĭc rem agit?
DE. hanc te aequomst ducere, et te operam ut fiat dare.

MI. me ducere autem?
DE. te.

DÊ: Pois sim, derruba!
(*a Geta*) E tu, vai lá buscá-las.
GE: Dêmea, que os deuses
a ti só façam bem, pois vejo que à nossa família
tão bem tu queres.
DÊ: Considero-os dignos. (*a Ésquino*) Tu, que dizes?
ÉS: Concordo, claro.
DÊ: Assim será muito melhor 920
do que a parturiente vir até aqui da rua
cansada.
ÉS: Nunca vi nada melhor, meu pai!
DÊ: Costumo ser assim. Mas eis que Micião vem vindo.

Micião, Dêmea e Ésquino

MI: Ordena o meu irmão? Cadê? Mandaste isso, Dêmea?
DÊ: De fato ordeno e, nesta e em todas outras coisas, 925
convém ao máximo façamos que a essa família
se ajude, cuide, anexe.
ÉS: Assim desejo, pai.
MI: Não penso de outra forma.
DÊ: Assim a nós convém.
Pra começar, tem mãe a esposa.
MI: Sim. Mas e daí?
DÊ: Modesta e proba.
MI: Assim o dizem.
DÊ: Grande idade. 930
MI: Eu sei.
DÊ: Parir já há muitos anos não consegue.
Nem há quem cuide dela: é só.
MI: Pra onde isso vai?
DÊ: Seria justo que casasses co' ela, (*para Ésquino*) e tu, me ajuda.

(B = octonários jâmbicos, alguns septenários jâmbicos)

MI: Que eu casasse?
DÊ: Tu.

MI. me?
DE. tĕ ĭnquam.
MI. ineptis.
DE. si tu sis homo,
hic faciat.
AE. mi pater!
MI. quid tŭ aŭtem huic, asine, auscultas?
DE. nil agis: 935
fieri aliter non potest.
MI. deliras.
AE. sine te exorem. mi pater.
MI. insanis: aufer.
DE. age, da veniam filio.
MI. satĭn sanus es?
ego novo' maritus anno demum quinto et sexagensumo
fiam atque anum decrepitam ducam? idne estis auctores mihi?
AE. fac<e>: promisi ego ĭllis.
MI. promisti autem? de te largitor, puer. 940
DE. age, quid siquid te maius oret?
MI. quasi non hoc sit maxumum.
DE. da veniam.
AE. ne gravare.
DE. fac, promitte.
MI. non omittitis?
AE. non, nisi te exorem.
MI. vis est haec quidem.
DE. age prolixe, Micio.
MI. etsi hoc mihi pravom ineptum absurdum atque alienum a vita mea
videtur, si vos tanto opere istuc volti', fiat.
AE. bene facis. 945
merito tĕ amo.
DE. verum . . (quid ego dicam, hoc quom confit quod volo?)
MI. quid nunc quod restat?
DE. Hegiō – est his cognatu' proxumus
adfini' nobis, pauper: bene nos aliquid facere illi decet.
MI. quid facere?
DE. agellist hic sub urbe paullum quod locitas foras:

MI: Mas Eu?
DÊ: Sim, tu.
MI: Estás maluco.
DÊ: Fosses homem,
farias.
ÉS: Ó meu pai!
MI: Tu dás ouvido a ele, asno?
DÊ: Não é nada. 935
Não podes de outra forma agir.
MI: Deliras.
ÉS: Deixa que eu te convença.
MI: Seu louco, para!
DÊ: Vai, agrada o filho.
MI: Estás bom da cabeça?
Eu vou virar marido novo aos meus sessenta e cinco anos?
E caso-me com uma anciã decrépita? É isso que quereis de mim?
ÉS: Pai, casa. Eu prometi a eles.
MI: Esbanja o que é teu, moleque! 940
DÊ: Vá lá, e se pedisse algo maior?
MI: E como se não fosse o máximo.
DÊ: Concede.
ÉS: Sem titubear.
DÊ: Promete!
MI: Não parais jamais?
ÉS: Não, a não ser que te convença.
MI: Isso é violência.
DÊ: Deixa disso.
MI: Ainda que isso tudo me pareça absurdo, inepto, depravado
e alheio a mim, se vós quereis com tanto afinco, seja.
ÉS: Fazes bem. 945
Por mérito te amo.
DÊ: Então... (*à parte*) direi o quê? 'Tá tudo dando certo.
MI: Que falta ainda?
DÊ: O Hegião – parente delas e bem próximo,
ligado aos nossos, pobre – a nós convém fazer alguma coisa boa a ele.
MI: Fazer o quê?
DÊ: Aquele terreninho lá no campo que alugas:

huic demu' qui fruatur.
MI. paullum id autemst?
DE. si multumst, tamen 950
faciundumst: pro patre huic est, bonus est, noster est; recte datur.
postremo non meum illud verbum facio quod tu, Micio,
bene et sapienter dixti dudum: "vitium commune omniumst
quod nimium ad rĕm ĭn senecta adtenti sumus"? hanc maculam nos decet
effugere. et dictumst vere et re ipsa fieri oportet. 955
MI. gaudeo.
quid ĭstic? dabitur quando quidem hic volt.
AE. mi pater![29]
DE. nunc tu germanu's pariter animo et corpore.
(suo sibi gladio hunc iugulo.)

SYRVS DEMEA MICIO AESCHINVS

SY. Factumst quod iussisti, Demea.

DE. frugi homo's. ergo edepol hodie meă quidem sententia
iudico Syrŭm fieri esse aequom liberum.
MI. istunc liberum? 960
quodnam ob factum?
DE. multa.
SY. o noster Demea, edepol vir bonu's.
ego ĭstos vobis usque a pueris curavi ambo sedulo:
docui monui bene praecepi semper quae potui omnia.
DE. res apparet. et quidĕm porro haec, opsonare cum fide,
scortum adducere, adparare de die convivium: 965
non mediocris hominis haec sunt officia.
SY. o lepidum caput!
DE. postremo hodie in psaltria hac emunda hic adiutor fuit,
hic curavit: prodesse aequomst: alii meliores erunt.
denique hic volt fieri.
MI. vin tu hoc fieri?
AE. cupio.

concede pro uso dele.

MI: É terreninho, é?

DÊ: Se é inho, ão, 950

façamos. Ele é como um pai pra ela, é bom, é nosso: é certo dar.
Por fim eu uso aquela frase alheia que tu há pouco, Micião,
sabidamente e bem disseste: "comum vício vem com a velhice,
demais atermo-nos à propriedade"? Dessa mácula convém
fugir. O dito é verdadeiro e a situação sugere que o façamos. 955

ÉS: Meu pai!

MI: Darei, se é isso que meu filho quer.

DÊ: Alegro-me.[29]

Agora és meu irmão de corpo e alma igualmente.
(*à parte*) Degolo-o com seu próprio gládio.

SIRO, DÊMEA, MICIÃO E ÉSQUINO

SI: Fiz o que ordenaste, Dêmea.

(C = septenários trocaicos)

DÊ: Que homem valoroso! Hoje, pois, é de meu julgamento:
Siro seja libertado.

MI: Esse aí, liberto? 960

Pois por qual razão?

DÊ: Por muitas!

SI: Nosso Dêmea, és homem bom!

Eu cuidei dos dois aí dês que eram criancinhas:
ensinei, dei bons conselhos, sempre fiz tudo que eu pude.

DÊ: Evidente. E também comprar fiado, pegar puta,
preparar banquete em plena luz do dia. São ofícios 965
de um homem mais que mediano.

SI: Ó, mente brilhante!

DÊ: E por fim ainda hoje foi mentor da compra
dessa citarista: é justo beneficiar-se. Outros
co'ele aprenderão. E esse quer.

MI: (*a Ésquino*) Tu queres?

ÉS: Quero.

MI. si quidem hoc
volti': Syre, eho ăccede huc ad me: liber esto.
SY. bene facis. 970
omnibu' gratiam habeo et s<eo>rsum tibi praeterea,
Demea.
DE. gaudeo.
AE. et ego.
SY. credo. utinam hoc perpetuom fiat gaudium,
Phrygiam ut uxorem meam una mecum videam liberam!
DE. optumam quiděm mulierem.
SY. et quiděm t<uo> nepoti hui(u)s filio
hodie prima mammam dedit haec.
DE. hercle vero serio, 975
siquidem prima dedit, haud dubiumst quin emitti aequom siet.
MI. ob eam rem?
DE. ob eam. postremo a me argentum quantist sumito.
SY. di tibi, Demea, omnes semper omnia optata offerant!
MI. Syre, processisti hodie pulchre.
DE. siquidem porro, Micio,
tu t<uo>m officium facies atque huic aliquid paullum prae manu 980
dederis, unde utatur, reddet tibi cito.
MI. istoc vilius.
DE. frugi homost.
SY. reddam hercle; da modo.
AE. age, pater!
MI. post consulam.
DE. faciet.
SY. o vir optume!
AE. o pater mi festivissime!
MI. quid ĭstuc? quae res tam repente mores mutavit tuos?
"quod prolubium? quaĕ ĭstaec subitast largitas?"
DE. dicam tibi: 985
ut id ŏstenderem, quod tĕ ĭsti facilem et festivom putant,
id non fieri ex vera vita neque adeo ex aequo et bono,
sed ĕx adsentando indulgendo et largiendo, Micio.
nunc adeo si ob eam rem vobis mea vita invisa, Aeschine, est,
quia non iusta iniusta, prorsus omnia omnino obsequor, 990

MI: Então,
se é assim, ó Siro, vem aqui e sejas livre!
SI: Graças, 970
ages bem, a todos vós e especialmente a ti agradeço,
Dêmea.
DÊ: Alegro-me.
ÉS: Também.
SI: Bem sei. E para que a alegria
seja eterna, faz que minha esposa, Frígia, eu veja livre!
DÊ: Ótima mulher.
SI: Foi ela que ao teu neto, filho desse (*aponta Ésquino*),
hoje deu primeira vez a mama.
DÊ: Sério, de verdade, 975
se ela deu primeiro, não há dúvidas que seja justo.
MI: Só por isso?
DÊ: Só. Devias dar também um dinheirinho.
SI: Dêmea, que os deuses sempre ofertem tudo que desejes!
MI: Siro, procedeste belamente hoje!
DÊ: Outra coisinha:
faz o teu ofício e dá qualquer pouquinho a eles 980
pro sustento, logo eles devolvem.
MI: Nem um pouco!
DÊ: O homem é frugal.
SI: Vou devolver.
ÉS: Pai, dá.
MI: Vou ver.
DÊ: Ele dá.
SI: Ó, homem ótimo!
ÉS: Paizinho queridão!
MI: (*a Dêmea*) Que é que é isso? De repente teus costumes tão mudados?
Essa mão aberta? Essa gastação?
DÊ: Direi a ti: 985
para que mostrasse que se todos julgam-te festivo,
fácil, que isso não resulta de equidade ou de bondade,
Micião, mas da indulgência, gastação e lassidão.
Ésquino, se agora a minha vida vos parece hostil
por não aceitar as coisas todas, justas ou injustas, 990

missa facio: effundite emite, facite quod vobis lubet.
sed si [id] volti' potiu', quae vos propter adulescentiam
minu' videti', magis inpense cupiti', consulitis parum,
haec reprehendere et corrigere me et [ŏb]secundare in loco,
ecce me qui id faciam vobis.
AE. tibi, pater, permittimus: 995
plus scis quid opu' factost. sed de fratre quid fiet?
DE. sino:habeat: in ĭstac finem faciat.
MI. istuc recte.
CANTOR. plaudite!

deixo estar: pois gasta, compra, faz o que bem entenderes.
Mas se queres, ao contrário – pois, por causa da adolescência
menos percebeis, quereis demais, com pouco julgamento –,
que eu corrija a vós e repreenda e ajude aqui e ali,
eis o que farei por vós.
ÉS: A ti nos entregamos, pai. 995
Sabes mais do que é preciso. E o que se faz do meu irmão?
DÊ: Fique com a moça, a última.
MI: Correto.
CANTOR: Aplausos, todos!

Notas

1 Sulpicius Apollinaris foi um gramático e lexicógrafo cartaginês do século II d.C. que escreveu os resumos em senários jâmbicos para todas as comédias de Terêncio. A partir do resumo de Sulpício, a tradução já se utiliza de versos jâmbicos para emular o ritmo dos senários jâmbicos latinos, até indicação em contrário.

2 As marcações de tipos de estruturas métricas presentes no texto latino aparecem em blocos identificados como A (senários jâmbicos, falados), B (versos longos variados trocaicos, jâmbicos ou mesmo versos líricos de *cantica*, possivelmente cantados e dançados ao acompanhamento musical da tíbia) e C (septenários trocaicos, recitados ao acompanhamento musical da tíbia). A estrutura mantém-se até a próxima indicação. A tradução tenta reproduzir ritmicamente os tipos de versos latinos um a um.

3 Suponho, para a leitura jâmbica, que *adversários* seja lido naturalmente como na fala de qualquer falante contemporâneo de português, com epêntese vocálica para resolver o encontro consonantal: "adiversários". Essa epêntese é importante pois é justamente nesta posição que fazemos uma subtônica em português corrente, o que mantém o ritmo acentual binário do verso. Não há regra fixa de uso de epêntese na performance em todos os casos de encontros consonantais deste tipo durante a tradução. O fluxo rítmico básico (em geral, jâmbico ou trocaico) deverá auxiliar na leitura.

4 Procuramos, nesta tradução, um meio termo entre o ultraliteral que mantivesse os efeitos dos significantes latinos, emulando, por exemplo, a sintaxe por vezes artificial e elevada, e o tom cômico e leve de Terêncio. Para tanto, escolhemos manter a utilização de *tu* e *vós*, índice de estranhamento consciente da tradução, o que se coloca em relação dialética com uma poética da oralidade da comédia latina.

5 Era comum, na comédia latina, que os prólogos apresentassem resumos da ação a ser desenvolvida (o *argumentum*), elemento quase ausente dos prólogos de Terêncio, que prefere dar voz ao ator *prologus* e colocar em questão elementos da composição poética, controvérsias em torno de seus detratores, etc. Com essa alteração, Terêncio aumenta a possibilidade de que as peças possuam elementos de suspense, uma vez que a audiência conhecia bem os códigos da *palliata* mas esperava, também, ser surpreendida através da manipulação e alteração desses elementos já codificados. Terêncio parece ter conseguido manipular as convenções para esse fim com mais destreza do que Plauto.

6 Os manuscritos antigos não apresentavam a divisão em cinco atos, que passa a surgir nas edições renascentistas das comédias latinas. No entanto, como as edições modernas preservam essas divisões, fazemos o mesmo.

7 *dominus*, ou seja, o senhor de escravos.

8 Nos manuscritos antigos, não há indicações cênicas específicas. Pelo contexto, em diversos casos, pode-se inferir que a entrada de outro personagem é

percebida pelo personagem que está em cena, que, neste caso, sai do modo de monólogo e dirige-se ao novo personagem a partir desta frase.

[9] As quebras de cena indicam nos cabeçalhos quais personagens entram e saem com relação às cenas anteriores.

[10] Os apartes também não são indicados nos manuscritos antigos, mas os editores modernos os indicam sempre que possível.

[11] Nas passagens B, Terêncio utiliza versos longos de extensão diversas em diversas configurações. Optei por não indicar cada troca para não poluir o texto.

[12] A prostituta permanece em cena sem nenhuma fala.

[13] O escravo Geta é um exemplo de como Terêncio manipula certas convenções fundamentais da Comédia Nova latina. Os escravos, geralmente, assumem nas peças a função dramática de *seruus callidus*, ou "escravo astuto", enganador, e são responsáveis pelo movimento geral dos enredos. Normalmente associados ao *adulescens*, como Siro nesta mesma comédia, não medem esforços para enganar os *senes* e conseguir dinheiro para as aventuras amorosas que formam o núcleo dos enredos das comédias. Geta, por sua vez, apresenta-se de forma moralizante, preocupado com a situação complexa que vai se revelando ao longo da peça, tomando as dores da família que serve (e, neste caso, ocupando o espaço ausente do homem da casa, já que o *paterfamilias* está morto) e vomitando injúrias contra a família do jovem Ésquino. Esse tipo de inversão de expectativas da codificação da Comédia Nova é explorado com bastante intensidade por Terêncio (como, por exemplo, com as prostitutas de bom coração, como a que vemos na *Hecyra*, "A sogra").

[14] A *fides* romana é uma virtude definida de modo amplo como um laço entre cidadão, república e religião, algo que, portanto, impede que traduzamos com o termo "fé", mais ligado ao imaginário cristão.

[15] Mais uma cena de encontro adiado, neste caso mais cômica pelo estado de espírito alterado do escravo, que parece demorar mais para "ver" as outras personagens, mesmo após o início do travamento efetivo do diálogo.

[16] Terêncio manipula de modo magistral a convenção de entrada de personagens em cena, gerando a ilusão metateatral de que Siro está relatando o que de fato se passou, quando percebemos, ao desenrolar da cena, que ele inventa uma narrativa, pois já percebeu a presença de Dêmea em cena. Dêmea, por sua vez, que declara sua intenção de enganar Siro, é enganado e zombado nesta que é uma das cenas mais cômicas da peça.

[17] Cf. nota anterior. Siro finge que só percebeu a chegada de Dêmea neste ponto, quando dirige-se diretamente a ele.

[18] Mantenho-me muito próximo à letra da fórmula de saudação "salvere Hegionem plurimum / iubeo" para manter o tom de solenidade levemente ridículo da expressão de Dêmea.

[19] Reconhecer como naturais os atos desmesurados da juventude atual por *senes* da geração anterior é um lugar-comum da Comédia Nova, usado em geral para caracterizar velhos mais lenientes em relação aos mais austeros.

[20] Esta passagem, de 471 a 474, apresenta alto grau de elaboração poética em Terêncio, com sintaxe veloz e elegante: "ubi scit factum, ad matrem virginis / venit ipsus ultro lacrumans orans obsecrans / fidem dans, iurans sĕ ĭllam ducturum domum. / ignotumst tacitumst creditumst.".

[21] O texto latino mantém certa ambiguidade em *ut captus est servolorum*, que pode ser lido como "como é a índole dos escravinhos", o que torna a fala de Hegião ao mesmo tempo honesta, afirmando a boa índole de todos os escravos (o que é irônico no modo metateatral, pois nós, audiência, sabemos que, na maior parte dos casos, pouquíssimos escravos da Comédia Nova são de boa índole) e irônica, se interpretada como uma afirmação da índole de Geta exclusivamente, em oposição à índole dos escravinhos em geral.

[22] A personagem da virgem costumeiramente não aparece em cena, o que, no caso de Terêncio, ajuda a manter algum grau de realismo, já que o parto dificilmente se daria em um lugar público (lembremo-nos que o palco da Comédia Nova sempre representa uma rua, em geral com a fachada de três casas ao fundo).

[23] Aqui Terêncio também manipula a convenção da Comédia Nova ao representar o *adulescens* com algum escrúpulo quanto aos desejos relacionados ao infortúnio de seu pai.

[24] O experimento poético para traduzir o *canticum* de Ésquino fez com que aqui, diferentemente do restante da peça, eu deixasse de respeitar a correspondência verso a verso na tradução.

[25] Surpreende a velocidade com que Micião apazigua o choro de Ésquino e lhe dá garantias de que tudo está bem: após o engano improvisado feito, aparentemente, para castigar o filho, a pressa para tudo resolver acrescenta mais um elemento de comicidade na caracterização de Micião.

[26] Trata-se da deusa romana *Salus*.

[27] *edormiscam hoc villi*, ou seja, cochilar para se recuperar da ressaca.

[28] Os babilônios eram tidos por gastadores. A referência é a Micião.

[29] Prefiro a lição de Martin (1976) e Barsby (2001), diferente de Kauer e Lindsay, que mantêm a confusão de falas em 955 e 956, com a troca das falas de Ésquino e Dêmea (*mi pater* ao final de 956 e *gaudeo* ao final de 955).

Posfácio
Comédia Latina: um modelo de tradução e de teatro não aristotélico[1]

Rodrigo Tadeu Gonçalves

Introdução: o que significa ser não aristotélico

Segundo Barbara Cassin

Na introdução e comentário de sua tradução conjunta com Michel Narcy do livro *Gama* da *Metafísica* de Aristóteles, o livro que trata da "teoria do ser enquanto ser" (*Metaf.* 1003a 1[2]), Barbara Cassin esmiúça a grande questão colocada em termos bastante poderosos no texto de Aristóteles: o estagirita estabelece o famoso princípio da não contradição. Encontramos algumas formulações no próprio texto de Aristóteles. Uma, "ontológica", diz que "é impossível que ele pertença e não pertença ao mesmo simultaneamente e sob a mesma relação" (1005b 19-20). A outra, "lógica", diz que "o mais certo de todos os princípios é que os enunciados contraditórios (*antikeimenai*) não são verdadeiros ao mesmo tempo" (1011b 13-14). A terceira, enfim, "psicológica", diz que "ninguém pode crer que ele possa ao mesmo tempo ser e não ser" (1005b 23-4).

Dessa forma, todo o trabalho de Cassin funciona como uma crítica ao fato de que, para evitar a petição de princípio, Aristóteles constrói o tratado de modo a afirmar que o princípio deva ser o "axioma último" de todos os axiomas (um "dogma intangível"; cf. Lukasiewicz *apud* Cassin; Narcy, 1998, p. 11), e necessariamente indemonstrável, pois, caso seja demonstrado a partir de outras premissas, não haveria fim para a cadeia de demonstrações posteriores, gerando a temida regressão ao infinito.

A força da argumentação de Aristóteles deriva de sua capacidade de atribuir a todo e qualquer oponente do princípio o ônus da prova, justamente pelo fato de o princípio só poder ser demonstrado através da impossibilidade de refutação. Num certo sentido, Aristóteles cria uma armadilha filosófica da qual não se pode escapar, ao menos até a leitura de Cassin:

> Quem sabe, com efeito, não há, desde Aristóteles, outro partido a tomar senão o partido aristotélico: com o livro *Gama* da *Metafísica* poderia ser que Aristóteles tivesse investido todo o campo da filosofia, da racionalidade, da humanidade (CASSIN, 2005, p. 84).

A questão fundamental, portanto, é o modo como Aristóteles estabelece a necessidade de que haja um adversário disposto a contradizer o princípio para que ele possa ser demonstrado. A questão se baseia ao mesmo tempo na exclusão da petição de princípio e no estabelecimento do axioma último da ontologia e da filosofia tradicional:

> É o que diz literalmente o grego de Aristóteles: a condição para que haja refutação é a de que "um outro seja responsável por aquilo que se descreve assim (*tou toioutou*)" (a17-18); ora, "aquilo que se descreve assim" é "reivindicar o que está na *arkhe*" (a17), isto é, ao mesmo tempo "de saída" e "no princípio", aquele evidentemente que está em questão. Só se evita portanto, diz Aristóteles, a petição de princípio fazendo com que seja cometida pelo adversário – entenda-se bem: a mesma (CASSIN, 2005, p, 88).

Cassin expõe então as três possibilidades de demonstração por refutação elencadas pela crítica e os modos pelos quais Aristóteles faz com que elas sejam impossíveis, ou seja, o modo pelo qual ele assegura a irrefutabilidade do princípio.

A primeira, chamada de "refutação lógica", seria aquela em que um adversário afirmasse direta ou indiretamente uma recusa do princípio, do tipo "a mesma coisa é e não é". Esse adversário seria refutado pela lógica simples, e seria levado ao princípio pela autocontradição: afirmar que o princípio é falso depende da verdade do próprio enunciado, de modo que, ao mesmo tempo, se sua recusa for verdadeira, ela é ao mesmo tempo falsa. Esse adversário, segundo Aristóteles, pode ser convencido da validade do princípio "por persuasão" (1009a 16s.; 22s.).

A segunda, chamada de "refutação pragmática", não diz respeito necessariamente ao conteúdo da tese em si, mas ao fato de que, ao opor-se ao princípio, o adversário deverá assumir o papel dialético de respondente, ou seja, o de aceitar defender pragmaticamente uma tese contra o princípio de não contradição. Ao fazê-lo, ele automaticamente é levado ao princípio: "enquanto ele destrói a argumentação, ele segue uma argumentação" (1006a 26). Nos dois primeiros tipos de refutação, o adversário consente se engajar no jogo dialético, e acaba convencido quase que como resultado de um "aprendizado" dialético.

O terceiro tipo de refutação, a "refutação transcendental", é mais complexo, pois, caso o adversário insista como um rebelde em sua oposição ao princípio, para Aristóteles, basta fazê-lo falar qualquer coisa, ou seja, "significar alguma coisa para si e para o outro" (1006a 21):

> Na equivalência entre essas duas formulações, "dizer algo" e "significar algo", consiste toda a condição da refutação, que é ao mesmo tempo sua condição de base: ela é necessária, não apenas para que haja refutação ou dialética, mas para que haja, antes de tudo, discurso. É o que enuncia, entrementes, a sequência completa das equivalências produzidas por Aristóteles (a13-15): "não significar algo para si mesmo e para outrem" = "não dizer algo" = "não fazer um discurso que se refira a algo" = "não fazer qualquer discurso" (ou: "que não haja discurso para ele, nem consigo mesmo nem com outrem") = "ser semelhante a uma planta" (Cassin, 2005, p. 94).

Assim, basta que um sofista mal-intencionado diga "bom dia" querendo dizer "bom dia" e não "azul" que ele deverá ser levado, à força, para o princípio. A impossibilidade da contradição é resultado da necessidade do sentido. Não significar alguma coisa, não sustentar um discurso é ser como uma planta. A violência da formulação aristotélica se percebe em seu gesto de exclusão, de ameaça: "significa algo, se não és uma planta, ou, aculturado: fala, se és um homem" (Cassin, 2005, p. 97).

> Toda a estratégia de Aristóteles consiste, então, em provar para seus adversários que eles não sabem o que dizem: pois, se eles começassem a dizer o que pensam, e mesmo simplesmente a dizer o que fazem, acabariam todos por falar como ele. Subsiste, no entanto, a possibilidade limite de um dizer resistente, impedindo qualquer pedagogia regressiva pelo pensamento, que Aristóteles designa por meio de um desdobramento: *legein logou kharin*, falar por falar. É com isso, em seu lugar próprio determinado apenas pela exigência de significação, que a refutação transcendental vem se defrontar: do adversário impossível à refutação impossível, o fracasso dessa serialização dos meios de persuasão obriga a recorrer à solução final: sua exclusão da humanidade (Cassin, 2005, p. 114).

O que significa, então, para Cassin, ser não aristotélico? Significa aceitar essa condição de falar por prazer de falar, de não se deixar arrastar para o princípio da não contradição, e possibilitar o domínio do sentido sem referência, do discurso de planta, do discurso sofístico não "normalizado" e "domado" pela máquina dialética de Aristóteles, ela mesma animada por um fantasma sofístico. Em nossa análise, a literatura latina, especialmente a comédia *palliata*, será observada sob o ponto de vista do outro não aristotélico: é o caso, por exemplo, em nossa análise do *Amphitruo*[3] como uma peça em que o discurso altamente sofístico dos deuses que duplicam os outros personagens tomando-lhes a forma produz situações-limite do princípio: Sósia, o escravo, crê que é e não é ele mesmo após ser convencido pela violência física e, principalmente, do discurso de Mercúrio. A peça é e não é uma comédia ao mesmo tempo, e seu estatuto genérico varia num jogo entre comédia e tragédia sem que jamais deixe de ser uma comédia, ainda que Mercúrio afirme tratar-se de uma tragicomédia (toda essa confusão se dá no prólogo do deus, mas também se estende por toda a peça em um jogo metateatral interessante em que a tragédia tenta se instaurar mas jamais ganha da comédia; cf. Moore, 1998, especialmente).

No entanto, aqui, o não aristotelismo dos comediógrafos latinos diz respeito justamente à tradução, que, em vez de funcionar como um processo de passagem de um texto de partida a um texto de chegada, ambos "igualados" por uma operação de "equivalência", a tradução "sofística" ou "performativa" de Plauto, Cecílio e Terêncio, por exemplo, cria uma situação em que os textos latinos, traduções dos textos gregos, são ao mesmo tempo iguais aos outros e diferentes dos outros. Eles são um resultado autoconsciente do amálgama palimpsêstico do poder performativo tradutório, como veremos adiante.

Segundo Florence Dupont:

Em seu livro *Aristóteles ou o vampiro do teatro ocidental*, Florence Dupont propõe uma leitura crítica da *Poética* de Aristóteles visando demonstrar que as categorias criadas pelo filósofo para analisar o teatro grego, especialmente a tragédia, subverteram a própria constituição dos gêneros dramáticos gregos retirando sua dimensão performática em favor de sua literarização. Segundo Dupont, categorias como *mito, mimese* e *catarse* faziam parte de um aparato crítico filosófico que visava destituir o teatro grego de seu contexto ritual e performático e transformá-lo em algo que poderia ser lido e cujos efeitos e poder seriam literários, independentes da necessidade da representação e da audiência. As categorias de análise de Aristóteles revelam um etnocentrismo que tenta fixar de maneira atemporal e absoluta os elementos normativos de uma "boa tragédia".

Sua argumentação é curiosamente próxima da constatação da capacidade sofística de Aristóteles na instauração do princípio da não contradição como autoevidente: usar, mesmo que inconscientemente, categorias como a *mimesis*, a *catarse* ou o *muthos* é cair, inconscientemente, em sua "armadilha".

O movimento argumentativo identifica na abordagem aristotélica a exclusão completa da dimensão litúrgica, espetacular e musical da tragédia grega, que, enquanto peças encenadas nos festivais em honra a Dioniso em Atenas, cumpriam uma função ritual importante em toda sua dimensão performativa. Reduzi-la a um texto significa reduzir sua importância como performativo cívico e isolar seu *muthos*, o enredo, de forma que ele funcione isoladamente da encenação efetiva, com máscaras, coro, canto, dança, e, principalmente, a plateia de cidadãos atenienses.

A decisão do júri sobre qual tragédia venceria o festival levava em conta não os critérios normativos que Aristóteles isola para chegar à definição de "boa" tragédia, como a purgação (*catharsis*) de *pathè* como o medo e comiseração através da realização textual de um *muthos*, mas o *kairós*, o momento, o contexto específico da encenação, a ocasião, e o *prepon*, a conveniência.[4] A "máquina de guerra" que Aristóteles prepara na *Poética* serve para objetivizar o teatro, retirar sua razão de ser, substituir um evento por um texto (Dupont, 2017, p. 23). O *muthos*, a realização de um só episódio de alguma narrativa mítica, é a causa final da tragédia, seu *telos*. A soberania do *muthos* significa que uma tragédia não precisa ser representada para ser uma representação. O *muthos* deixa de ter valor performativo, deixa de ser uma ação. A *mimesis* é realizada dentro do texto, sem nenhuma relação efetiva com a "ação representada", a palavra não se dirige jamais ao público. Os efeitos dessa operação, dessa passagem realizada por Aristóteles, serão então fundamentalmente ligados à perda da dimensão performativa e metateatral:

> Aristóteles, ao arrancar deliberadamente o teatro de seu contexto enunciativo, retirava dele toda sua força de instituição. Uma tragédia aristotélica é feita por qualquer um, para qualquer um, pode ser apresentada em qualquer lugar, a qualquer momento. É por isso que não tem nenhuma força performativa e não utiliza a metateatralidade. Nem jogo com o público, nem jogo com o código, nem jogo com os outros poetas têm lugar aí. A estética do teatro aristotélico é o resultado de um projeto político, o dos reis macedônicos, que visava destruir a liberdade das cidades (Dupont, 2017, p. 52).

Dupont aproxima o feito de Aristóteles ao dos sofistas, que produziam também um discurso exterior sobre o teatro:

> Aristóteles conclui, portanto, o movimento iniciado em Atenas pelos sofistas, que consistia em não mais considerar as performances poéticas a partir da sua função social e cultural, mas em classificá-las em gêneros a partir de critérios formais ou temáticos. Trata-se de uma revolução conceitual, de uma mudança de paradigma. "'Song' had become 'poetry' and poetry was a

> social art of using language, the paradigmatic example of what we have called since the eighteenth century 'literature'" (Ford, 2002, p. 21-22). Passando assim da música à poesia, ele tinha que inventar o que a poesia trágica podia ser independentemente do ritual das Dionísias e dos concursos (Dupont, 2017, p. 25).

Da mesma maneira, o *muthos* é a representação/imitação do encadeamento adequado de uma *synthesis ton pragmatôn*, visando *pathè* como as que visa o orador. Dupont compara, então, os objetivos e estruturas argumentativas da *Poética* e da *Retórica* para mostrar um tipo de analogia que parece funcionar entre os dois tratados de Aristóteles:

> Assim, uma conexão com o "público" independente do ritual é recriada com base no modelo da relação que existe entre o orador e os juízes, mas que, diferentemente do discurso oratório, não deve nada ao contexto enunciativo, pois é somente um efeito textual sobre o leitor. Entretanto, para que o sistema fosse completo, era necessário que à *pistis* (a persuasão, finalidade social da retórica) correspondesse uma atividade que tivesse o mesmo lugar no sistema global: essa será a *katharsis*. Aristóteles, dessa maneira, inventa uma prática literária da tragédia ou, mais do que isso, elabora uma teoria da prática de uma tragédia utópica (Dupont, 2017, p. 42).

Lida dessa forma, a comédia latina não pode ser avaliada com justiça. O contexto ritual dos *ludi scaenici* também exigia da audiência que fosse coenunciadora do espetáculo ritual, e o texto não pre-existia ao espetáculo, mas funcionava no e para o espetáculo apenas:

> Era necessário, portanto, mudar de método. Ao invés de se ler apressadamente Plauto – como se fosse um teatro literário em que o texto estivesse em primeiro lugar – para aí encontrar a fábula, quisemos reencontrar a realidade histórica de uma comédia romana, reconstituí-la como acontecimento cultural, compreender quais eram sua função e seu objetivo, estudar o contexto no qual eram representadas essas peças, ou seja, o ritual dos jogos (*ludi*). Compreendemos então que uma comédia

romana não é uma "história contada sobre um palco", que ela não se organiza em torno de uma "fábula" representada, mas deriva de uma outra razão que não é a razão narrativa e textual, e sim a razão do ritual em que se insere, que é também uma razão espetacular, e que chamaremos, portanto, de razão "lúdica" (Dupont, 2017, p. 8).

Os textos latinos da *palliata* não são, portanto, textos literários traduzidos como literatura, mas sim enunciados performativos lúdicos e rituais que *transferem* o espetáculo ritual da comédia nova grega para um novo contexto de performance. Por isso poderemos avaliar as comédias de Plauto e Terêncio (seção "Comédia latina" a seguir) como enunciados performativos tradutórios complexos e não aristotélicos, tanto no sentido da *Metafísica Gama,* via crítica de Cassin, quanto no sentido da *Poética,* via crítica de Dupont.

O começo da literatura em Roma

Lívio Andronico

Escravo trazido da colônia grega de Tarentum em 272 a.C., provavelmente comprado por Lucius Livius Salinator, nobre importante, foi depois liberto. Em 249, compõe um hino religioso para os jogos tarentinos. Em 240 apresenta a primeira peça traduzida do grego em um dos *Ludi Scaenici.*[5] Novamente apresenta um hino em 207. Sabe-se que sua *Odussia*, que só nos restou através de poucos fragmentos (cerca de 90 versos no total), totalizaria cerca de 2.000 versos e foi escrita no chamado verso saturnino. Vejamos abaixo, como exemplo do processo composicional tradutório de Andronico, o primeiro verso de sua *Odisseia* em comparação com o trecho correspondente de Homero, cada uma seguida de uma glosa simples:

Virum mihi, Camena, insece vorsutum. (fr. 1)
O homem a mim, Camena, canta, versado[6]

Ἄνδρα μοι ἔννεπε, Μοῦσα, πολύτροπον. [...] (*Od.* I,1)
O homem a mim canta, Musa, polivalente [...]

Como se pode notar, a ordem de palavras é praticamente a mesma, com apenas uma inversão, do verbo no imperativo e do vocativo, com a finalidade de adequar o verso à cesura obrigatória, enquanto que *virum* traduz *andra*, o dativo se mantém, o verbo utilizado possui as mesmas características métricas do escolhido por Homero (mesmo que *insequor* seja um verbo bastante incomum para "dizer" em latim). Além disso, *vorsutum* estabelece aliteração com *virum*, ao mesmo tempo que traduz quase literalmente *polutropon*. A inovação que estabelece a tensão fundamental, já no primeiro verso, é a escolha de uma das divindades chamadas de *Camenae*, deusas das fontes, identificadas com uma fonte próxima da Porta Capena de Roma, que ecoa a forma *carmen*, em substituição à *Mousa* não nomeada no proêmio homérico. Trata-se do que os romanos chamavam de *translatio*, processo de aculturação de uma divindade estrangeira na figura de uma divindade já existente (existem vários tipos de *translatio* de divindades em Roma: em alguns casos, uma divindade inteiramente nova, como a Magna Mater, é trazida; em outros casos, uma divindade estrangeira ganha um novo nome local – como é o caso de Afrodite e Vênus –, ou ainda uma divindade local assume os traços, funções e cultos da divindade estrangeira – o que, de certo modo, é o que acontece no caso da Camena).

Assim, já na abertura do texto temos uma mostra da fidelidade ao modelo na escolha de uma tradução bastante próxima do literal e da tentativa de latinizar alguns de seus aspectos, instaurando performativamente a translação do texto para uma nova cultura e uma nova audiência, sem deixar de lado um aparente respeito/fidelidade ao modelo. Trata-se de um complexo jogo de tensão entre recriação e reprodução do modelo que vai formar a base do processo tradutório praticado pelos autores romanos.

Há questões relevantes ligadas à produção desse misterioso autor-tradutor, possível iniciador da tradição literária romana, que não caberão aqui. No entanto, uma das mais importantes diz respeito ao fato de que, quando adaptava comédias e tragédias para os *ludi*, utilizava não o saturnino, mas emulações dos versos típicos da tragédia e comédia gregas, o senário jâmbico e o septenário trocaico (versões latinas do trímetro jâmbico e tetrâmetro trocaico gregos), o que se pode atestar através dos poucos fragmentos restantes.

Assim, apesar de utilizar o verso nativo, estranho e rústico (possivelmente em resposta emulativa à relação entre o hexâmetro épico grego e os oráculos divinos, compostos também em hexâmetros – o saturnino seria o verso oracular latino), Lívio foi capaz de compor versos de alguma sofisticação em suas comédias e tragédias[7] já nos moldes polimétricos do teatro grego (que seriam, mais tarde, levados às últimas consequências com os *numeri innumeri* de Plauto[8]).

Rafaele Perna[9] analisa brevemente a atividade poética de Lívio como análoga à dos poetas helenísticos como Calímaco e Apolônio, capazes de atuar em muitos gêneros, tendência natural do período. Como provavelmente vinha de Tarento, Lívio

> levava consigo, ou, ainda, amadurecido pelo contato com as grandes famílias romanas, *o desígnio ambicioso de substituir ou transformar*, na pátria de adoção – que avançava orgulhosa pelo caminho da dominação e do império, mas, no campo do espírito e da arte, procedia ainda incerta e insegura – os gérmens literários crus e ainda sem forma, em manifestações artísticas conformes aos modelos da Grécia (PERNA, 1978, p. 42).

Naturalmente, assim como a maior parte das questões relativas à biografia liviana, a escassez de material textual remanescente e de testemunhos críticos coetâneos ao poeta impedem uma generalização tão certa dos propósitos e desígnios de substituir e transformar a literatura latina nascente. Os fragmentos mostram, no entanto, a consciência das possibilidades de criação literária via tradução.

No entanto, a aproximação com os poetas helenísticos é relevante justamente pelo fato de que Lívio exerce uma atividade poética muito parecida com a *polyeideía* dos alexandrinos mencionada por Perna, mas com a óbvia diferença de o fazer em uma língua possivelmente estrangeira. Ao escolher produzir em latim, Lívio precisa se deparar com a alteridade linguística mais fundamental: enquanto os poetas helenísticos praticavam a *polyeideía* em sua própria língua, agindo como os primeiros filólogos, exercitando-se em gêneros sofisticados para produzir cultura secundária (imitação, mas também edição, comentário, transmissão, entre várias outras formas de reescrita) com relação à poesia "natural" dos primeiros gregos (Homero e Hesíodo, poesia do mito), Lívio deve encarar a alteridade de escrever em outra língua, de espelhar os gêneros estrangeiros em sua própria língua, e isso determinará escolhas e a forma da nascente literatura latina.

A questão da novidade do procedimento de Lívio se coloca da seguinte maneira, segundo Mariotti:

> Então, somente ao se levar em conta os problemas e as características típicas da arte grega, podem-se indicar os precedentes que favoreceram a "descoberta" de Andronico; e não é necessário dizer que esta indicação não prejudica, de fato, sua originalidade. Já é altamente original o fato de ter dado, pela primeira vez na história, início *consciente* a uma nova literatura em uma nova língua. Certamente, Andronico não tentou colocar a língua latina, como meio de expressão literária, no mesmo plano de um dialeto grego: basta perceber que nenhum poeta grego havia transferido quase literalmente uma obra de um dialeto a outro (Mariotti, 1952, p. 19).

Mariotti também nos apresenta algumas opiniões importantes e diferentes do restante da crítica: primeiro, a constatação do bilinguismo de Lívio; segundo, o autor critica a opinião geral de que teria sido a função de preceptor/professor que levou Lívio a traduzir a *Odisseia* a fim de tornar a arte de Homero mais conhecida. Para Mariotti, "isso é realmente absurdo" (p. 14). É absurdo justamente pelo fato de que mesmo os romanos do período sabiam que, para conhecer a arte de Homero, era mister conhecer o grego. Além disso, um bom argumento de Mariotti é que a *Odussia* de Lívio sempre foi considerada sua obra, e não de Homero. Tanto que nenhum antigo citou Lívio quando quis citar Homero: a questão é a da invisibilidade do tradutor; Lívio se inscreve na tradição com uma obra literária que é sua, ainda que reescrita de outro texto, e seu texto é lido e recebido como um texto autoral, *diferente* do seu modelo. Quantos de nós ocidentais não dizemos que já lemos Homero, ainda que nunca o tenhamos lido em uma edição "fiel" do grego? O que significa dizer que "lemos" Homero? Para o argumento de Mariotti, é justamente o fato de que a *Odussia* é *de* Lívio que torna a obra uma obra primeira, ainda que segunda.

De Névio a Ênio

Névio também escreveu um poema épico em versos saturninos, desta vez com assunto romano, chamado *Bellum Punicum*, principalmente sobre a primeira guerra púnica, sobrevivente em estado muito fragmentário. No entanto, foi Ênio o responsável por estabelecer a tradição épica romana, especialmente nos seus *Annales*, que abrange desde as origens de Roma até as guerras contemporâneas do poeta, em meados do século II a.C.. Os fragmentos restantes dos *Annales* nos mostram um poeta extremamente autoconsciente, que compõe épica ao mesmo tempo nos modelos mitológicos gregos e históricos sobre os feitos dos romanos. No entanto, do ponto de vista do poder performativo-tradutório, o mais interessante nesse resgate homérico é justamente o modo como Ênio se identifica com a figura de Homero. Nos fragmentos restantes, é possível supor que Ênio considerava que sua alma havia transmigrado de Homero, tendo sido, em um momento intermediário, um pavão, a ave de Hera e Juno. Essa interpretação da linhagem de Ênio pode ser desenvolvida a partir de alguns fragmentos, como:

> *somno leni placidoque revinctus* (*Ann.* 1, fr. 2)
> atado a um sono suave e plácido
>
> *visus Homerus adesse poeta* (fr. 3)
> pareceu que o poeta Homero estava presente
>
> *O pietas animi!* (fr. 5)
> Ó, pietas de minh'alma!
>
> *memini me fiere pavom.* (fr. 9)
> Lembrei-me de me tornar pavão.

Os fragmentos parecem relatar um sonho em que o poeta se encontra com Homero. No fr. 5, um dos dois se refere ao outro com o termo que exprime a virtude tipicamente romana da *pietas*, que liga o cidadão à família, ao estado e à religiosidade (a importância da *pietas* para a épica é perceptível, por exemplo, na *Eneida*, em que o herói é chamado de *pius Aeneas* dezoito vezes). Aparentemente, durante o sonho o poeta relata ter sido um pavão em um possível estágio do curso de transmigrações de sua alma, e o restante dos fragmentos demonstra a assertividade e a autoconsciência necessárias para relacionar os fragmentos em uma autoglorificação religiosa que identifica na alma de Homero o estágio metempsicótico inicial de Ênio. Para Dominik (1993, p. 41), seu lugar na literatura, missão poética e inspiração são frutos da manipulação do tema do sonho e de sua autoconsciência poética. Assim, a transmutação de Homero em Ênio é análoga à transmutação da épica grega na romana, seu ponto de partida após o renascimento em relação à tradição iniciada por Lívio e Névio.

Com relação ao estabelecimento performativo de uma tradição épica autoconsciente por Ênio, um dos fragmentos é fundamental para entender sua intenção: aparentemente ao justificar o motivo de não tratar longamente da primeira guerra púnica, já narrada no *Bellum Punicum* de Névio, Ênio ao mesmo tempo se separa dos poetas anteriores, que escreveram em saturninos, considerados por ele rústicos e primitivos, e instaura a utilização do hexâmetro datílico homérico na tradição poética latina:

> *scripsere alii rem*
> *vorsibus quos olim Faunei vatesque canebant.*
> *[cum] neque Musarum scopulos...*
> *nec dicti studiosus [quisquam erat] ante hunc.*
> *nos ausi reserare...* (*Ann.* 7, fr. 1-1a)

> outros escreveram sobre a guerra
> com versos que outrora cantavam vates e faunos.
> [Quando] nem as encostas das Musas...
> E não havia alguém zeloso do estilo antes desse.
> Nós ousamos abrir as portas...

Os outros que cantaram os feitos épicos (*rem*) são (pelo menos) Névio e Lívio, e os versos são identificados como sendo de faunos e vates, ou seja, divindades menores ligadas à natureza, harúspices e bardos não sofisticados. A expressão *dicti studiosus*, de certa forma parafraseável por "consciente do estilo", é atributo do poeta que antes não podia ser aplicado a ninguém, e o enunciado constativo *nos ausi reserare,* "nós ousamos abrir as portas", é, na verdade, um performativo que ao mesmo tempo o diferencia da tradição saturnina e inicia a tradição épica romana consciente do estilo, erudita, que reconstrói a tradição grega de modo sofisticado e, especialmente, autoconsciente.

Embora não se trate de uma tradução, o texto de Ênio é claramente um performativo em sentido amplo, que abre as portas da erudição épica e, em vez de apenas de se basear em um modelo para construir o texto, estabelece com o modelo uma relação de continuação mística, já que Ênio é o próprio Homero redivivo, que, ao renascer em outro lugar, transforma esse lugar em seu, continua a tradição através da dicção poética sofisticada e autoconsciente. Após Ênio, não haverá mais lugar para o saturnino, que Lívio e Névio desenvolveram em dicção poética inovadora com relação ao modelo que os inspirava. Agora, com assunto novo romano, Ênio prefere transcriar o molde grego com a autoridade de quem é o Homero renascido. Assim, abrem-se as portas para analisar a criação não tradutória, neste caso, também como tradução, mas de um tipo diferente: a tradução (no sentido mais etimológico de transporte) da forma poética, a ser preenchida com matéria nova.

Comédia latina

A comédia latina de assunto grego, chamada pelos romanos de *fabula palliata*, ou seja, comédia vestida de pálio, um tipo de indumentária grega, foi um gênero muito importante e popular no período republicano, desde sua introdução nos *ludi*, em 240, até a morte de Terêncio, em 159. Os textos produzidos para os festivais tinham todos como modelo uma ou mais peças gregas da tradição da *néa komoidia*, gênero helenístico praticado por Menandro, Apolodoro de Caristo, Dífilo, entre outros. Restaram para nós algumas peças de Menandro (somente uma completa, e todas recuperadas ao longo de descobertas papirológicas no século XX!) e fragmentos dos outros praticantes. Do lado latino, restaram 21 comédias de Plauto (algumas mais ou menos fragmentárias) e as seis que Terêncio teria produzido, além de fragmentos dos outros autores. O assunto das comédias era basicamente o mesmo: um jovem *adulescens* em busca do amor de uma *uirgo* ou de uma *meretrix* e as dificuldades para conseguir dinheiro para comprar a prostituta ou aprovação do pai para casar-se com uma moça de estatura social não adequada (geralmente não cidadã). As comédias possuem, em geral, final feliz, e quase sempre contam com um escravo protagonista, responsável por auxiliar o jovem senhor em maquinações e enganos para conseguir o dinheiro necessário para a realização amorosa. Vista dessa forma, a *palliata* pode parecer simplória e pouco sofisticada, mas um olhar atento sobre o modo de produção e reescritura apresenta resultados muito mais interessantes. Olharemos aqui para a autoconsciência genérica e tradutória como um elemento principal da criação do ludismo e do cômico por parte dos autores.

Os *ludi scaenici* foram introduzidos em Roma como elemento social e religioso importante no contexto republicano. Todo tipo de gente assistia aos espetáculos, que não se resumiam a teatro, mas que também incluíam corridas de carros, pugilistas, malabaristas, dançarinos, entre outros. Florence Dupont e Pierre Letessier (2012) apresentam o quadro dos *ludi* com detalhes e ênfase em sua natureza antropológica. Os *ludi* serviam de espaço social e religioso de importação de divindades, de cultos, além de poderem ser oferecidos em honra a militares importantes ou como jogos fúnebres em honra de algum nobre importante. Até o final do império, os *ludi* serão oferecidos tantas vezes que houve anos em que os romanos tinham mais dias de festa, considerados feriados, do que dias úteis. O *otium* e a *licentia ludicra*, suspensão da *industria* (atividade comercial ou política), estabelecem uma atmosfera de fruição estética e religiosa em um ritual, com suas práticas particulares a serem respeitadas, sob pena da obrigação da repetição do festival caso seu resultado ritual não fosse estabelecido (*instauratio*).

Assim, as peças exercem um papel importante no quadro ritual dos *ludi*. As trupes de atores apresentam textos comprados aos dramaturgos para uma única representação, de modo que os textos não constituem, no momento de sua produção, *literatura* no sentido que damos ao termo hoje. Trata-se de um *script* para execução e performance dentro de um quadro ritual mais complexo. Em palcos improvisados diante de escadarias de templos no *forum* ou no *circus*,[12] atores sempre masculinos e muitas vezes escravos participavam de espetáculos com dança, música, máscaras e representação lúdica.

Os textos teatrais, portanto, não circulavam fora do círculo dos atores e produtores, mas, antes, eram enunciados performativos complexos que deveriam ser coenunciados pelo público num complexo sistema de atenção lúdica (a atenção do público era requisito fundamental para as peças, conforme atestam os prólogos de várias delas, como veremos) como parte do ritual maior em honra a algum deus. A tradução, portanto, gera um resultado ritualizado, de extrema importância para o bom andamento dessa instituição social romana:

> Mas a tradução em si mesma pode bastar para criar o ludismo. Toda palavra performativa, tirada de seu contexto, torna-se palavra lúdica. Traduzir em latim um texto grego que pertencia ao contexto dos concursos musicais dionisíacos equivale a extraí-lo de seu contexto inicial e fazer desse texto um objeto estético. Esse ludismo se manifesta quando o poeta exibe a distância criada pela tradução, como nos prólogos da comédia (DUPONT; LETESSIER, 2012, p. 30).

Observemos, portanto, alguns dos prólogos de Plauto para entender como funcionava essa tradução lúdica e performativa.

Plauto

No prólogo da *Asinaria*, Plauto estrutura a *captatio benevolentiae* em torno da questão da tradução/reescrita da peça através de enunciados performativos autoconscientes bastante poderosos. O prólogo inicia-se com as referências explícitas típicas à plateia, mas também menciona importantes instâncias do fazer teatral do período, como *gregis huic* (esta trupe [teatral]), *dominis* (produtores das peças) e *conductoribus* (os empregadores dos atores), no verso 3. No verso seguinte, a interpelação é ao *praeco*, o pregoeiro, responsável por anunciar os nomes das peças e dos vencedores nos *ludi*, e o pedido do prólogo ao *praeco* é que solicite o silêncio dos espectadores, ofício contrário ao seu costumeiro. Nessa atmosfera autoconsciente de vários dos elementos que constituem a vida prática do teatro nos *ludi*, o prólogo já consegue parte da benevolência do público pelas próprias piadas, mas também prepara terreno para a entrada da figura de Maccus, o "nome artístico" de Plauto. Ele dominará, como referência na terceira pessoa, o restante do prólogo, como podemos ver abaixo:

> nunc quid processerim huc et quid mihi voluerim
> *dicam*: ut sciretis nomen huius fabulae;
> nam quod ad argumentum attinet, sane brevest.
> nunc *quod me dixi velle vobis dicere,*
> *dicam: huic nomen graece Onagost fabulae;*
> *Demophilus scripsit, Maccus vortit barbare;*
> *Asinariam volt esse, si per vos licet.*
> inest lepos ludusque in hac comoedia,
> ridicula res est. date benigne operam mihi,
> ut vos, ut alias, pariter nunc Mars adiuvet. (*Asin.* vv. 6-15, grifos meus)

> Agora por que eu vim até aqui e o que eu queria
> direi: a fim que pudésseis saber qual o nome da peça;
> pois quanto ao que pertence ao argumento, é breve.
> Agora o que eu disse que queria a vós dizer,
> direi: o nome desta peça em grego é *Onagos*;
> Demófilo escreveu, e o Maco em bárbaro verteu;
> que seja *Asinaria* quer, se vós o permitirdes.
> Tem charme e diversão aqui nesta comédia,
> a coisa é engraçada. Prestai muita atenção,
> pra que, tal como outrora, Marte vos ajude.[13]

Diversas questões chamam atenção de imediato: o verso 7 inicia-se com um futuro do indicativo comum em outros prólogos e em cenas de antecipação de enredo. Esses verbos no futuro, em Plauto, normalmente são enunciados semiperformativos em que o que se anuncia que vai ser feito é já praticamente feito, como uma diversão oratória autoconsciente do poder discursivo daquele que detém a palavra.[14] Mas não é apenas isso que interessa, já que o que o prólogo afirma que dirá é ao mesmo tempo por que veio até ali e o que ele *quer* (v. 5). A vontade colocada em ação através do discurso metateatral está em questão. O poder retórico-logológico do prólogo é bastante vasto, e é como se todo o texto da peça dependesse dessa introdução. O prólogo é um performativo responsável pela realização ritual adequada da peça no quadro dos *ludi*. A primeira função do prólogo é, então, que a audiência saiba o *nomen* da peça (*huius fabulae*).

Logo após o v. 8, que apenas menciona o argumento e a brevidade da explicação (que não aparece no prólogo, e que, portanto, pode ser um atributo do próprio enredo, e não da antecipação/exposição dele), o prólogo reafirma que *dirá* aquilo que veio dizer e que queria dizer. Naturalmente, o efeito retórico de sofisticação na antecipação de uma questão tão simples amplia as possibilidades de fruição de um momento aparentemente tão trivial: Plauto faz com que a peça seja introduzida ritualmente, e que o seu modelo seja mencionado em uma das várias ocasiões de atribuição de uma peça ao modelo na Comédia Nova.

O nome da peça é grego, e é *declarado* em um enunciado constativo importante, no verso 10. Importante, uma vez que Plauto faz o prólogo afirmar que o nome *desta peça* (*huius fabulae*) é *Onagos* ("o condutor de asnos"). No verso seguinte, temos a famosa asserção *Demophilus scripsit, Maccus vortit barbare*. Ao usar o pronome *huius*, Plauto naturalmente se refere à peça que ora se apresenta. No entanto, ela é chamada de *Onagos* e tem como *scriptor* Demófilo, o autor da Néa. Assim, se *esta* peça se chama *Onagos* e é de Demófilo, o processo de *vortere* de Plauto não criou uma segunda peça, mas, antes, empilhou sua peça latina sobre a peça grega numa espécie de palimpsesto, de modo que "esta peça" = *Onagos* = *Asinaria*.

No verso seguinte, o prólogo diz que *Asinariam uolt esse* ("quer que ela seja a *Asinária*"), *si per vos licet*. Eliminemos momentaneamente a questão da solicitação de "permissão" em *si per vos licet*. O que o verbo *uolt*, no presente, *faz* como enunciado performativo perfeitamente típico é transformar a *haec fabula Onagos* em *Asinaria*. Trata-se da passagem consciente de um estado a outro através do discurso. Uma vez que a questão da autoria não se coloca e não precisa se colocar nos termos modernos para os autores do período, o efeito criativo mais poderoso passa a ser o da transformação indireta de um texto em outro, mas *sem que ele deixe de ser o anterior*.

Portanto, estamos diante de uma concepção absolutamente diferente de tradução, pois ela não tem como requisito o ideário tradicional de transporte de sentidos por um caminho que leva de um original a uma cópia *em outra língua*. A concepção normativa (e geralmente irrefletida, e raramente questionada fora do âmbito dos Estudos da Tradução) vigente de tradução vê o processo do transporte de sentidos mais ou menos como o fundamento de toda tradução: para um leigo, para a grande maioria de tradutores e para a grande maioria de críticos ou teóricos da tradução ao longo da história até seu questionamento recente pelos tradutólogos, as questões principais da tradução sempre foram a *equivalência*, a *adequação*, a *correção*. Mas esses requisitos se fundam na ideia de que há um original, ponto de partida, diferente da tradução, ponto de chegada, e que os dois textos convivem separadamente em uma relação de dependência explícita em que o segundo só pode ser chamado de tradução do primeiro se essa mesma tradução tiver sido realizada de maneira adequada, seguindo princípios obscuros como justamente a mencionada equivalência. A questão aqui é outra: não há necessidade de pensar em equivalência ou em qualquer tipo de requisito normativo tradicional, pois o texto traduzido num paradigma como o praticado por Plauto ignora a necessidade da colocação das duas entidades textuais em relação de oposição, já que a tradução é ao mesmo tempo tradução e original.

Explico: a passagem performativa de *esta peça, Onagos de Demófilo* para *Plauto verteu em bárbaro e quis que fosse Asinária* se dá de maneira natural. Não há efetivamente dois textos diferentes, e sim uma acumulação palimpsêstica criada pelos performativos do segundo autor, que, ao invés de autor, é, antes, o enunciador dos performativos, o atualizador do ritual textual, que atualiza o texto do outro diante de sua plateia num espetáculo performativo nos dois sentidos do termo na tradição dos estudos recentes sobre linguagem e teatro: o enunciado performativo que cria coisas e a performance que cria o mundo teatral pelos atos e falas dos atores na ocasião de encenação.

A tradução de Plauto é simplesmente performativa, pois ela forja uma entidade textual-ficcional dupla que é, objetivamente, o seu texto, mas que não deixa de se dizer o texto do outro. A alteridade se dá em termos cômico-irônicos, já que a expressão que chama atenção para a existência de outra língua e de outra "escrita" performativa do texto é justamente o *barbare*. Plauto assume comicamente a posição de bárbaro como criador e como falante da língua do outro. Naturalmente os romanos são os outros dos gregos, mas a ilusão vai mais longe, pois as apresentações desse texto escrito e interpretado em latim por atores falantes de latim para uma audiência falante de latim jamais deixam de se apresentar como textos gregos sobre gregos com personagens gregos em cidades gregas (figurinos, antroponímia, etc.).

O resultado é o papel sofisticado que a possibilidade da alteridade traz para o teatro romano: o texto e o mundo ali performados são sempre, ao mesmo tempo, gregos e romanos, gregos e bárbaros, *do* outro, *sobre* o outro, mas não *para* o outro. Eu insisto na questão, pois não se trata somente da colocação via reescrita e transporte da tradição grega em Roma, mas, ao mesmo tempo, sempre que possível, da *utilização consciente* dessa alteridade para fins de ampliação do fosso entre o outro e o eu, que cria efeitos teatrais impressionantes (como veremos adiante com a análise das *Bacchides*).

Trata-se obviamente da passagem de um estado a outro pela *vontade* do discurso: o texto de Demófilo é agora de Plauto porque ele *quis* assim. A mesma vontade que Mercúrio tematiza quando coloca em questão a obrigatoriedade de a encenação em curso pertencer a este ou àquele gênero no *Amphitruo*. Quanto a isso, aqui, o gênero é mais uma vez mencionado, pois, em vez de antecipar o argumento, Plauto prefere fazer o prólogo anunciar simplesmente que se trata de uma comédia muito engraçada (vv. 13-4).

Pode-se especular que efeitos podem ter resultado dessa ritualização performativa da indução da peça pelo prólogo: a proximidade e a benevolência da audiência deveriam certamente aumentar à medida em que ela é chamada a ouvir sobre as vontades performativas do autor; sua permissão (*si per vos licet*) também é solicitada para a passagem da peça do estado bruto grego para o estado palimpsêstico apresentado; e as expectativas são certamente aumentadas pela ausência de antecipação de prólogo e de anúncio de uma comédia muito engraçada (*inest lepos ludusque, ridicula res est*). Em meros 15 versos o prólogo garante efeitos perlocucionários fundamentais para a execução bem-sucedida da peça.

O prólogo da peça *Trinummus* apresenta uma discussão bastante parecida. Um dos prólogos encenados por divindades (como o deus Lar na *Aulularia* ou Mercúrio no *Amphitruo*), temos aqui um breve diálogo entre as personificações da Luxúria e da Inópia (pobreza). A primeira se identifica como mãe da segunda e a manda entrar em casa. Logo após esse diálogo que se dá nos cinco primeiros versos, a deusa Luxúria continua em sua exposição:

> nunc igitur primum quae ego sim et quae illaec siet,
> *huc quae abiit intro, dicam, si animum advortitis.*
> *primum mihi Plautus nomen Luxuriae indidit;*
> *tum hanc mihi gnatam esse voluit Inopiam.*
> *sed ea huc quid introierit impulsu meo*
> *accipite et date vocivas aures dum eloquor.*
> *adulescens quidam est, qui in hisce habitat aedibus;*
> *is rem paternam me adiutrice perdidit.*
> *quoniam ei, qui me aleret, nil video esse relicui,*
> *dedi ei meam gnatam, quicum aetatem exigat.*
> *sed de argumento ne exspectetis fabulae:*
> *senes qui huc venient, ei rem vobis aperient.* (*Trinummus,* 6-17)
>
> Agora quem eu sou, primeiro, e quem é essa aí,
> que foi pra dentro, eu vou dizer, se derdes atenção.
> Primeiro, Plauto deu-me o nome de Luxúria;
> então quis que Pobreza fosse a minha filha.
> Mas ela que acabou de entrar recebei bem
> e a aceitai e dai orelhas vagas quando eu falo.
> Um certo adolescente há que habita esta casa;
> e com o meu auxílio perde os bens do pai.
> E quando a ele, que me alimentou, restou mais nada,
> lhe dei a minha filha, pra levar a vida.
> Mas quanto ao argumento desta peça não direi:
> os velhos que vierem vos revelarão.

Piada tipicamente plautina, a alegoria encenada pela divindade já antecipa com sofisticação o pano de fundo da peça: o jovem acabou com os recursos do pai com o auxílio da "deusa" Luxúria, e agora só lhe resta sua filha, ou seja, sua "consequência moral", a Pobreza. Luxúria aproveita para solicitar da audiência as "orelhas vazias", condição para o estabelecimento ritual da peça, em que a plateia age como coenunciadora. Essa atenção ritual é comumente um dos objetivos finais do prólogo. Além disso, na passagem, vemos novamente a entidade-prólogo explicitando os "desejos" do dramaturgo, performativos, capazes de gerar efeitos curiosos no mundo encenado, como a relação familiar entre as duas personificações e sua atribuição como personagens com falas e parte na peça (que se encerra quando termina o prólogo, nesse caso, diferentemente do *Amphitruo*, por exemplo, em que Mercúrio continua a agir na peça). Mas a divindade continua com a discussão sobre a criação da própria peça, em termos que lembram o prólogo da *Asinaria*, discutido acima:

> huic Graece nomen est Thensauro fabulae:
> *Philemo scripsit, Plautus vertit barbare,*
> *nomen Trinummo fecit, nunc hoc vos rogat*
> *ut liceat possidere hanc nomen fabulam.*
> *tantum est. valete, adeste cum silentio.* (*Trinummus*, 18-22)

> O nome desta peça em grego é "Tesouro";
> Filêmon escreveu, e Plauto em bárbaro verteu,
> o nome fez *Trinnumus*, e vos roga agora
> que possa a peça este nome receber.
> É isso aí. E, com silêncio, passai bem.

A fórmula é muito parecida com *Asin.* 10-12. Mais uma vez, *esta* peça (o dêitico é fundamental) é, ao mesmo tempo, a peça grega e a peça latina, escrita em grego por Filêmon e vertida em língua bárbara por Plauto. Mais uma vez, o dramaturgo pede permissão para fazer o que já fez, transformar performativa e autoconscientemente um modelo grego em uma peça latina, que, ainda que tenha um nome em latim, é, ao mesmo tempo, a peça grega do autor grego. Não há necessidade de reproduzir a análise, já feita para a *Asinaria*. O importante é que mais um prólogo em que aparece a questão da duplicação e da unidade do texto traduzido e do seu modelo só aumenta a força do argumento em favor de uma concepção diferenciada de tradução para os romanos.

No prólogo da peça *Casina*, a identificação dupla é a mesma:

> aures vocivae si sunt, animum advortite:
> *comoediai nomen dare vobis volo.*
> *Clerumenoe vocatur haec comoedia*
> *graece, latine Sortientes. Deiphilus*
> *hanc graece scripsit, post id rursum denuo*
> *latine Plautus cum latranti nomine.* (*Cas.* 29-34)

> Orelhas vagas se nos derem, atenção:
> o nome da comédia vos darei agora.
> *Clerumenoe* se chama esta comédia aqui
> em grego, em latim é *Sortientes.* Dífilo
> em grego a escreveu, depois, de novo a ela
> o de latrante nome Plauto em latim.

Há aqui a mesma sequência formular de instauração do ritual, solicitação de silêncio e de orelhas benévolas, e a nomeação da peça tanto em grego quanto em latim. A autoconsciência da capacidade tradutória e lúdica é complementada, nesta peça, pelo curioso jogo performativo a seguir. Nos versos que seguem à citação anterior, o prólogo passa a explicar em parte o argumento da peça. Uma escrava, Cásina, é desejada ao mesmo tempo pelo pai e pelo filho. No entanto, a rivalidade se dá na peça entre a mãe, que quer agenciar a escrava para seu escravo de modo que o filho possa satisfazer seu desejo, enquanto o pai quer casá-la com o seu escravo-capataz, para poder usufruir dela. No entanto, o jovem não vai aparecer em cena, o que é uma variação do código da *palliata*. O modo como o prólogo explica o que houve é bastante sofisticado:

> ille autem postquam filium sensit suom
> *eandem illam amare et esse impedimento sibi,*
> *hinc adulescentem peregre ablegavit pater;*
> *sciens ei mater dat operam absenti tamen.*
> *is, ne exspectetis, hodie in hac comoedia*
> *in urbem non redibit: Plautus noluit,*
> *pontem interrupit, qui erat ei in itinere.* (*Casina* 60-6)

> Porém depois que percebeu que o filho seu
> aquela amava e que era impedimento para si,
> pros estrangeiros o adolescente o pai mandou;
> sabendo disso, a mãe lhe presta ajuda, ausente.
> Mas esse, não o esperareis, que hoje, na comédia,
> não volta pra cidade: Plauto não o quis,
> interrompeu a ponte que lhe estava no caminho.

Num nível mais complexo de avaliação da atividade tradutória na *palliata,* a peça *Bacchides* nos oferece elementos importantes por um motivo especial: trata-se da única peça cujo original foi encontrado, ainda que em esparsos fragmentos, editados a partir dos anos 1960. Alguns poucos fragmentos encontrados em Oxirrinco no Egito somam-se às impressionantes descobertas que trouxeram várias peças de Menandro quase completas (e uma completa, o *Dyscholos* [*O misantropo*]), a partir de achados arqueológicos do início do século XX. Sua obra era praticamente desconhecida e tratada a partir de poucas menções e fragmentos. O que nos interessa, neste trabalho, não são os detalhes e minúcias da comparação filológica estrita entre os fragmentos gregos e o texto de Plauto, mas, antes, algumas conclusões interessantes e iluminadoras a respeito do modo de traduzir de Plauto.[15]

A primeira constatação interessante vem da análise de uma das falas do *servus callidus* Crísalo, responsável pelo duplo engano ao qual o título da peça grega faz referência (*Dis Exapaton*, ou "Duplo engano").[16] Sua sagacidade e capacidade de enganar o velho Nicobulo em favor do jovem Mnesíloco são acima da média dos *serui callidi* da *palliata.* Plauto se utiliza do caráter especial desse escravo para fazer referência metateatral velada ao próprio gênero da *palliata* em sua relação obrigatória com a *néa* grega. Sabe-se que, nas comédias de Menandro, nomes comuns de escravos eram, por exemplo, Siro e Parmenão. Em Menandro, modelo de Plauto para esta comédia, o nome do personagem transcriado em Crísalo é Siro (podemos sabê-lo a partir dos fragmentos). Plauto por vezes adotava como procedimento composicional um modo de recriação com bases fortes no virtuosismo verbal, através, por exemplo, da criação de nomes especiais (diríamos, "naturais" ou cratilianos) para seus personagens.[17] Crísalo, derivado do radical greco-latino *chrysos* (ouro), tem um nome mais adequado à sua condição de astuto enganador e golpista. No entanto, sua sagacidade é tão elevada, que ele parece ser destacado do molde do escravo astuto da comédia para se elevar a uma posição autoconsciente da existência da própria classe dos escravos astutos no gênero de base grego. Isso fica claro no trecho a seguir, em que Crísalo não apenas se mostra mais astuto do que os escravos convencionais, mas também possibilita a percepção de que Plauto estava jogando com a convenção da Comédia Nova e se colocando em uma posição já superior à do modelo:

> Chr: non mihi isti placent Parmenones, Syri,
> *qui duas aut tris minas auferunt eris.* (*Bacchides*, 649-50)
>
> Crísalo: Não me agradam esses Siros, Parmenões,
> eles que só duas minas ou só três afanam dos senhores.[18]

Plauto, com essa fala de Crísalo, não apenas o torna especial, mas também zomba do caráter dos escravos astutos da Comédia Nova, bem menos capazes e sagazes do que Crísalo, sua criação especial. O eco de Menandro ressoa na reescrita já num segundo nível de criação literária, o da intertextualidade paródica altamente sofisticada, já que a audiência possivelmente perceberia a referência ao texto de Menandro e o papel que Plauto atribui ao seu escravo, superior não apenas dentro da peça, mas representante especial da própria classe dos escravos de comédia. O que possibilita esse jogo performativo poderoso é justamente a tradução, que cria ao mesmo tempo um texto novo, mas que depende do que foi o modelo para existir em um estatuto especial: Siro é Crísalo, mas Crísalo é melhor que Siro, e sabe disso. O comentário vem como que seguido de uma piscadela de sagacidade que faz com que a personagem ganhe um relevo palimpsêstico que só a tradução pode permitir, e que, sofisticado, só pode ser percebido pela parte da audiência que conhecesse o gênero grego e suas características codificadas. A fruição maior viria apenas para aquele que conhecesse especificamente o *Dis Exapaton*. Trata-se, então, de um tipo de tradução que cria o novo sobre o velho sem que o novo deixe de ser o velho, portanto. Ou, antes, o que chamamos de tradução não aristotélica, que foge ao princípio da não contradição.

Quando comparamos diretamente fragmentos de Menandro com as *Bacchides*, fica claro que o trabalho criativo no processo de reescrita-transcriação era bastante livre e sofisticado, e que o resultado não se identifica com o texto grego no mesmo sentido que consideramos tradução mais recentemente. Curioso é que esse dado aponta para a dupla natureza do fazer tradutório da *palliata*, pois, como vimos, a identificação do texto da peça com o texto-modelo parece ser a de uma igualdade contraditória, como vimos nos prólogos da *Asinaria*, *Trinummus* e *Casina* acima. Isso quer dizer que, sendo ao mesmo tempo o texto grego e o texto latino, poder-se-ia esperar um procedimento tradutório de transparência e/ou submissão ao modelo. O resultado, nos casos em que pode ser apreciado, é bastante diferente. Vejamos alguns exemplos. Primeiro, o famoso monólogo do jovem apaixonado que acredita que seu amigo o enganou[19]:

> {(ΣΩΣΤΡΑΤΟΣ)} ἤδη ᾽στὶν οὗτος φροῦδος. ἐμπλή[κτως ἔχει·
> τούτου καθέξει. Σώστρα[τ]ον προήρπασας.
> ἀρνήσεται μέν, οὐκ [ἄ]δηλόν ἐστί μοι –
> ἰταμὴ γάρ – εἰς μέσον τε π[ά]ντες οἱ θεοὶ
> ἥξουσι. μὴ τοίνυν [.]ον[. . . . . .] νὴ Δία.
> κακὴ κακῶς τοίνυν – ἐ[π]άν[αγε, Σ]ώστρατε·
> ἴσως σε πείσει· δοῦλο[ς . . . .]ρα[. . . . .
> ἐγὼ μάλισθ᾽, ἡ δ᾽ ὡ[ς κενὸν συ]μπεισάτω
> ἔχοντα μηδ[έν· πᾶ ἀποδώσω τῶι πατρὶ
> τὸ χ]ρυσίον· π[ι]θαν[ευομέν]η γὰρ παύσεται
> ὅταν] ποτ᾽ αἴσθητα[ι, τὸ τῆς πα]ροιμίας,
> νεκρῶι] λέγουσα [μῦθον. ἀλλ᾽] ἤδη [με] δεῖ
> ἐλθεῖν ἐπ᾽] ἐκεῖνον. (*Dis Exapatôn*, 18-30[20])

> Sóstrato: Mas esse aí já era! Ela o surpreendeu.
> Vai dominá-lo fácil, ao pobre Sóstrato!
> E vai negar, eu sei, não posso não notar –
> mas que abusada! – e agora mesmo todo deus
> nos testemunha. E assim [...], por Zeus!,
> um mal à moça má. Pra trás, ô Sóstrato!
> Talvez você já se convença, escravo [...]
> eu sempre sou, mas que ela tente convencer
> o pé-rapado aqui. A grana toda eu dou

para o meu pai; e convincente sedução
fará em mim assim que vir – tal qual se diz –
que está falando com defunto. Quanto a mim,
eu vou é ver meu pai.[21]

O "mesmo monólogo", em Plauto, é bem mais longo e virtuoso na exploração da confusão mental do adolescente apaixonado:

{MNES.} Inimiciorem nunc utrum credam magis
sodalemne esse an Bacchidem, incertum admodumst.
illum exoptavit potius? habeat. optumest.
ne illa illud hercle cum malo fecit ... meo;
nam mihi divini numquam quisquam creduat,
ni ego illam exemplis plurumis planeque... amo.
ego faxo hau dicet nactam quem derideat.
nam iam domum ibo atque... aliquid surrupiam patri.
id isti dabo. ego istanc multis ulciscar modis.
adeo ego illam cogam usque ut mendicet... meus pater.
sed satine ego animum mente sincera gero,
qui ad hunc modum haec hic quae futura fabulor?
amo hercle opino, ut pote quod pro certo sciam.
verum quam illa umquam de mea pecunia
ramenta fiat plumea propensior,
mendicum malim mendicando vincere.
numquam edepol viva me inridebit. nam mihi
decretum est renumerare iam omne aurum patri.
igitur mi inani atque inopi subblandibitur
tum quom <illum> nihilo pluris [blandiri] referet,
quam si ad sepulcrum mortuo narres logos.
[sed autem quam illa umquam meis opulentiis
ramenta fiat gravior aut propensior,
mori me malim excruciatum inopia.]
profecto stabile est me patri aurum reddere.
eadem exorabo, Chrysalo causa mea
pater ne noceat, neu quid ei suscenseat
mea causa de auro quod eum ludificatus est;
nam illi aequomst me consulere, qui causa mea
mendacium ei dixit. vos me sequimini. (*Bacchides*, 500-25)

A qual dos dois agora eu ache que é mais inimigo,
o meu amigo ou essa Báquis, é demais incerto.
A ele, ela prefere? Então, que fique. Tudo bem.
Nem ela – Hércules! – o fez sem mal pra... mim;
pois nunca nenhum deus jamais confie em mim,
se a ela claramente em muitos modos eu não... amo.
Farei com que não diga que encontrou alguém pra rir.
Agora eu vou pra casa e... algo roubo ao pai.
Pra ela dou. Me vingo dela de maneiras várias.
A ela forço tanto até que então mendigue... o pai.
Mas tô batendo bem da minha cuca boa,
ficando aqui confabulando do futuro?
Por Hércules, eu amo, é certo, disso eu sei.
De fato, a que ela fique assim com meu dinheiro
que seja só um tiquinhozinho mais pesada,
prefiro mendigando até vencer mendigos.
Por Pólux, nunca, viva, vai se rir de mim, pois eu
decreto que vou devolver todo o dinheiro ao pai.
Assim, a mim inane e pobre vai me seduzir,
de modo que de mim não tira nada seduzindo,
tal como se contasse histórias prum cadáver.
[Contudo, a que ela fique por minhas riquezas
que seja só um tanto mais pesada e gorda,
prefiro até morrer na cruz pela pobreza.]
Decerto estabeleço que devolvo o ouro ao pai.
Também vou exortar que ao Crísalo, por minha causa,
o pai não faça mal, e nem se vingue dele
por minha causa ou pelo engano quanto ao ouro;
é justo, pois, que eu defenda a quem, por minha causa
mentiras disse a ele. E, quanto a vós, segui-me.

Análises filológicas aprofundadas da relação entre as *Bacchides* e seu modelo grego foram feitas exaustivamente (cf. especialmente Handley, 1968). O que nos interessa aqui, no entanto, é a possibilidade de observar detidamente uma instância clara de tradução da *palliata*,[22] que aponta para o fato de que Plauto elabora o discurso do jovem e acrescenta elementos de clara confusão mental que caracterizam mais profundamente o estado de desespero exagerado e patético, resultante da crença na traição da amante com o amigo. No trecho de Menandro, a resolução de contar tudo ao pai é bem mais rápida e direta, sem que o jovem passe pelas etapas de confusão que caracterizam em Plauto quase um fluxo de consciência, cheio de breves lapsos e incoerências de sentimentos conflitantes, como quando suas sentenças se interrompem ao meio e terminam de maneiras inesperadas (efeitos de *para prosdoskian*). Um exemplo é o v. 505, *ni ego illam exemplis plurumis planeque – amo* "se a ela claramente em muitos modos eu não... amo.". Seguindo a lógica do raciocínio enfurecido do jovem, ao final do verso, após a pausa, esperar-se-ia algo como "castigo" em vez de "amo". Da mesma forma, o v. 509, *adeo ego illam cogam usque ut mendicet – meus pater,* "a ela forço tanto até que então mendigue... o pai.", nos conduz a uma leitura em que o sujeito de "mendigue", que poderia ser retomado anaforicamente através de *illam*, é necessariamente substituído pela presença de uma expressão no caso nominativo após a pausa, *meus pater,* quebrando a expectativa sintática e semântico-pragmática, mais uma vez refletindo a sofisticação da representação dos conflitos mentais complexos encontrados no modo como Mnesíloco desenvolve seu monólogo. Essas estruturas não existem no texto de Menandro. Além disso, a simples comparação da extensão do trecho mostra o trabalho de ampliação do monólogo feito por Plauto. Naturalmente a extensão de um trecho com relação ao modelo não quer dizer necessariamente que Plauto sempre ampliava o modelo em suas traduções. No entanto, neste caso, o aumento da complexidade da confusão psicológica da personagem é visível também nesse aspecto.

Um segundo exemplo, bastante significativo, é o que podemos ver abaixo:

> CHRYS. Quid dixit? MNES. Si tu illum solem sibi solem esse [diceres,
> se illum lunam credere esse et noctem qui nunc est dies.
> CHRYS. Emungam hercle hominem probe hodie, ne id [nequiquam dixerit. (*Bacchides*, 699-701)

> Crísalo: O que disse ele? Mnesíloco: Ele disse: se você disser que [o sol ali é sol,

> ele ia acreditar que é lua e noite, mesmo sendo dia.
> Crísalo: Hoje enrolo o velho direitinho, assim não diz besteira. [23]

O trecho de Menandro a partir do qual Plauto trabalhou é o seguinte:

> Nicobulo: Se o Siro aqui estivesse agora e me dissesse
> Que brilha o sol, eu pensaria que é
> Noite e está escuro. Que belo mentiroso! [24]

Nesse breve exemplo (que, infelizmente, é um dos poucos em que podemos ver esse tipo de procedimento ocorrendo), Plauto adapta o texto de Menandro ao transferir uma fala direta de Nicobulo para um discurso indireto de Mnesíloco. Esse recurso é relevante, pois, no momento em que dialogam Crísalo e Mnesíloco, o jovem tenta convencer o escravo a enganar o velho pela segunda vez, após a primeira confissão (motivada pela suposta traição do amigo e da amante), mas o escravo, temendo pela sua integridade física, nega que poderá enganar o velho novamente. Mnesíloco usa o discurso de Nicobulo sobre não acreditar nas palavras do escravo para feri-lo em seu orgulho de escravo sagaz (*seruus callidus*). A estratégia funciona justamente porque Crísalo é bastante autoconsciente de seu poder metateatral do engano e da ilusão (cf. análise da percepção de sua superioridade com relação ao Siro de Menandro acima) e, por causa da fala de Mnesíloco, usada como provocação, Crísalo aceita enganar o velho pela segunda vez, e o faz através de um esquema complexo e agitado, dando continuidade ao enredo. Fica claro, portanto, que Plauto se utiliza de procedimentos mais livres de reescrita do texto original, utilizando-se dos recursos que imagina serem necessários para que sua peça obtenha o sucesso ritual necessário aos *ludi*. Esse exemplo é bastante relevante se considerado dentro do panorama geral das comédias de Plauto, em que, com certa frequência, há situações de engano deliberadas e arquitetadas de maneira bastante sofisticadas no enredo. A reutilização da fala de Nicobulo como elemento de convencimento para motivar o segundo engano é muito típica do tipo de arquitetura do engano proposta por Plauto.[25]

Naturalmente, poder-se-ia objetar que, uma vez que não está disponível o restante da peça de Menandro, não seria possível saber se tal recurso não fora utilizado também por Menandro. No entanto, ainda que esta objeção seja válida, o fato de a fala de Nicobulo de Menandro não aparecer em nenhum lugar na peça de Plauto permite afirmar com certeza que pelo menos a supressão dessa fala foi efetuada por Plauto, já que não é possível dizer que a transposição da fala para a personagem de Mnesíloco é de única responsabilidade deste.

Ao compararmos a autoconsciência performativa dos prólogos analisados com relação à capacidade de instaurar um procedimento múltiplo de criação de um texto que é, ao mesmo tempo, o texto grego e a peça latina com os procedimentos de expansão e sofisticação na comparação entre as *Bacchides* e o *Dis Exapatôn* de Menandro, constatamos que o procedimento tradutório-composicional é mais do que a simples tentativa de transposição de um modelo/original a um texto de chegada. O modelo é a peça grega que se torna latina, mas a latina é ao mesmo tempo a grega e a nova peça latina, ou seja, mais do que o texto de chegada.

Terêncio

Outro modo de avaliar a autoconsciência do fazer tradutório em sua dimensão performativa pode ser visto nos testemunhos que Terêncio nos dá a respeito das polêmicas em que se envolveu e a respeito das opiniões de seus críticos e detratores. Em alguns de seus prólogos podemos encontrar indícios de seu fazer tradutório. O que parece transparecer no prólogo do *Eunuchus*, por exemplo, é uma espécie de autoconsciência crítica sobre o processo tradutório como resposta aparentemente polêmica com relação a críticas que deve ter recebido de seu detrator principal, possivelmente Lúcio Lanúvino.[26] Terêncio diz de seu detrator que ele,

> qui bene vortendo et easdem scribendo male ex
> *Graecis bonis Latinas fecit non bonas* (*Eunuchus* 7-8)

> que traduzindo bem mas escrevendo mal
> de peças gregas boas fez não boas as latinas.

Uma possível interpretação para a oposição que Terêncio faz entre traduzir bem e escrever mal parece estar ligada a uma concepção de tradução e reescrita que passou a viger no período já tardio da *palliata*. Terêncio se opõe a um fazer tradutório que se mantenha o mais próximo possível da "letra", mas que resulte em peças ruins. No trecho seguinte, do prólogo da *Andria*, a discussão vai ainda mais a fundo, e o poeta se diz consciente da opção de seguir a *neglegentia* composicional de seus antecessores bem-sucedidos Plauto, Névio e Ênio, a seguir a *obscura diligentia* de seu detrator, que não é capaz de assumir certas liberdades tradutórias para criar boas peças em latim:

Menander fecit Andriam et Perinthiam. [...]
quae convenere in Andriam ex Perinthia
fatetur transtulisse atque usum pro suis.
id isti vituperant factum atque in eo disputant
contaminari non decere fabulas. [...]
qui quom hunc accusant, Naevium Plautum Ennium
accusant quos hic noster auctores habet,
quorum aemulari exoptat neglegentiam
potius quam istorum obscuram diligentiam. (Andria 10-22)

Menandro fez a *Andria* e a *Perinthia* [...]
e as coisas que convinham da *Perinthia* à *Andria*
confessa ter usado e traduzido para a sua.
O fato vituperam e defendem quanto a isso
não ser apropriado as peças misturar [...]
Mas quando eles acusam este, Névio, Plauto e Ênio
acusam, que o poeta considera autoridades,
dos quais prefere a negligência emular
a fazer uso da obscura diligência deles.

Terêncio invoca, portanto, uma tradição de peso ao mencionar os *auctores*, ou seja, os seus antepassados importantes e sua prática, identificada como *neglegentia*. Parte da crítica da comédia latina[27] vê na utilização do termo *contaminare* neste prólogo um indício de uma prática composicional particular de reescrita da *palliata*, em que se entende o termo como o ato de mesclar mais de um original em um texto latino. Portanto, Terêncio estaria se defendendo desta prática específica. Beare (1951), no entanto, lembra que o sentido usual do verbo é o de "estragar", "poluir". Naturalmente, o contexto, já que Terêncio menciona que utilizou partes da *Perinthia* de Menandro para compor sua *Andria*, com base também na *Andria* do autor grego, favorece a leitura da maior parte da crítica. Beare, no entanto, sustenta que a prática do *contaminare*[28] não seria ainda necessariamente elencada como um procedimento composicional (como *imitare* e *aemulare*, procedimentos retórico-composicionais que correspondem, respectivamente, a "imitar servilmente" e "imitar visando superar o modelo"), e que Terêncio estaria, então, em posição de defesa com relação ao seu procedimento geral de reescrita e adaptação dos modelos. Apoiam essa segunda tese os fatos de que Plauto utilizou muito pouco do procedimento de mescla de mais de um modelo, além de não haver notícia dessa prática da parte de Névio e Ênio. Assim, o efeito performado por esse prólogo retórico seria o de inscrever o poeta numa tradição que ele considera mais importante (*auctor*, termo que ele utiliza para se referir aos três antecessores, não significa "autor" no período, mas antes "autoridade", "fundador"). Terêncio continua a atacar seus detratores da mesma forma que no prólogo do *Eunuco* com base nos procedimentos composicionais: fundando-se na tradição já estabelecida, ele prefere *bene scribere* a *male uertere*.

Em mais um prólogo, Terêncio tem que se defender de *furtum* literário. Pareceria estranho que, num gênero inteiramente baseado em reescrita de modelos de uma mesma tradição, um autor não pudesse utilizar material de outro. No entanto, os detratores o acusam de reescrever uma passagem já reescrita por Plauto. Isso seria problemático por si só, mas o que interessa é mais uma vez a autoconsciência do fazer tradutório envolvido:

> *Synapothnescontes Diphili comoediast;*
> *eam Commorientis Plautus fecit fabulam.*
> *in graeca adulescens est qui lenoni eripit*
> *meretricem in prima fabula: eum Plautus locum*
> *reliquit integrum, eum hic locum sumpsit sibi*
> *in Adelphos; verbum de verbo expressum extulit.* (*Adelphoe*, 6-11)

De Dífilo é a comédia *Synapothnescontes*;
e dela Plauto fez a fábula *Commorientis*.
Na grega tem um jovem que do leno rouba
a prostituta na primeira: essa passagem Plauto
deixou sem lhe tocar, tomou para si o poeta
e nos *Adelfos* reproduz palavra por palavra.

Finalmente, o prólogo do *Heauton Timoroumenos* ("O autopunidor") é uma peça que simula conscientemente um discurso retórico. A defesa do poeta mais uma vez menciona a *contaminatio*:

oratorem esse voluit me, non prologum:
vostrum iudicium fecit; me actorem dedit.
sed hic actor tantum poterit a facundia
quantum ille potuit cogitare commode
qui orationem hanc scripsit quam dicturu' sum?
nam quod rumores distulerunt malevoli
multas contaminasse Graecas, dum facit
paucas Latinas: factum id esse hic non negat
neque se pigere et deinde facturum autumat.
habet bonorum exemplum quo exemplo sibi
licere [id] facere quod illi fecerunt putat. (*Heauton Timoroumenos*, 11-21)

Que eu fosse um orador, não prólogo, ele quis:
de vós o júri fez, de mim o promotor.
Mas poderá este promotor, com sua retórica,
fazer o mesmo que ele, que tranquilo refletiu
enquanto ele escrevia este discurso que profiro?
Agora, quanto a esses rumores que os malévolos
criaram, que ele misturou as peças gregas, delas
fazendo poucas em latim: não nega o fato
e nem se importa, aceita até que fará outras.
Pois toma o exemplo dos melhores como exemplo a si
e julga lícito fazer o que fizeram aqueles.

Quem fala aqui como orador é o chefe da trupe, Ambívio Turpião, ator e produtor de teatro importante, uma espécie de estrela da época. Sua participação nas peças de Terêncio auxiliou o jovem poeta a conseguir um prestígio que já decaía nessa época (faltavam textos gregos que ainda não houvessem sido adaptados). Nessa paródia de discurso oratório temos o dado numérico, ou seja, a constatação de que a partir de mais textos gregos Terêncio fez menos textos latinos. Isso nos leva à interpretação de que *contaminare* realmente é um procedimento que necessariamente envolve a transformação de mais de um original em um texto latino, ainda que a leitura anterior de contaminação como "poluição" não seja descartada. Mas o mais importante parece ser a constatação de que o material grego disponível estava se tornando escasso.

O gênero estava de certa forma em decadência: as críticas a Terêncio teriam-no feito viajar à Grécia em busca de mais originais, e ele teria perecido em sua viagem de volta junto com muitas novas traduções, aos 26 ou 36 anos de idade.[29] No prólogo do *Eunuco*, percebemos ao mesmo tempo a autoconsciência do código da *palliata* e do fato que seu rearranjo, de certo modo, poderia ser uma fábrica eterna de enredos. Ainda assim, como faltavam enredos gregos, pouco o poeta poderia fazer, já que o código exigia que a peça latina fosse a reescrita de uma grega:

> *quod si personis isdem huic uti non licet:*
> *qui mage licet currentem servom scribere,*
> *bonas matronas facere, meretrices malas,*
> *parasitum edacem, gloriosum militem,*
> *puerum supponi, falli per servom senem,*
> *amare odisse suspicari? denique*
> *nullumst iam dictum quod non dictum sit prius.* (*Eunuchus*, 35-41)

> mas se não lhe convém usar os mesmos personagens:
> o que pode escrever senão um escravo atarefado,
> fazer matronas boas, meretrizes más,
> parasito esfomeado, militares vãos,
> criança exposta, um velho pelo escravo se enganar
> o amor, o ódio e a suspeita? Então, por fim,
> não há nenhum dizer que já não tenha sido dito.

A conclusão é impressionante: se não se pode usar os elementos do código, não se pode nem mesmo dizer as coisas já ditas. Não há nada novo, mas sim rearranjos (possivelmente) infinitos dos elementos dados em novos enunciados teatrais. Os dramaturgos latinos tinham plena consciência disso, e traduziam como quem reorganiza o material, criando o novo sem que se possa jamais dizer nada novo: o velho, o já dito, o suposto, tudo paira por trás dos textos em poderosos efeitos intertextuais, palimpsêsticos, formidáveis. E é por isso, talvez, que, como disse Larry Gelbart na introdução da edição do texto do musical *A Funny Thing Happened on the Way to the Forum*,[30] Plauto (e eu acrescentaria Terêncio) ensinou o Ocidente a rir.

Notas

[1] Este posfácio baseia-se nos capítulos 1 e 2 do meu livro *Performative Plautus: Sophistics, Metatheater and Translation* (2015).

[2] Sigo a edição de Barbara Cassin e Michel Narcy, *La Décision du Sens. Le Livre* Gamma *de la* Métaphysique *d'Aristote, introduction, texte, traduction et commentaire*. Paris: Vrin, 1998. As traduções são as publicadas na edição brasileira do *Efeito Sofístico* (Cassin, 2005).

[3] Em Gonçalves (2015, cap. 3).

[4] Dupont nos lembra de que a tragédia que Aristóteles considera a mais perfeita na *Poética*, o *Édipo-Rei* de Sófocles, não venceu o concurso no ano em que foi representada (Dupont, 2017, p. 22).

[5] A maior parte das comédias e tragédias apresentadas nos jogos cênicos em Roma eram traduções de comédias ou tragédias gregas. Os gêneros de comédia e tragédia de assunto romano também passaram a receber espaço nos festivais, mas mais tardiamente. Deles, temos apenas fragmentos.

[6] Todas as traduções no posfácio são minhas, exceto onde indicado.

[7] Wright (1974) analisa os fragmentos da *comoedia palliata* de todos os autores anteriores a Plauto para mostrar, através da comparação, que Plauto seguiu uma tradição estilística bastante uniforme.

[8] Plauto ampliou a complexidade das formas métricas dos modelos da comédia grega, introduzindo cenas com acompanhamento de música e dança em metros longos e metros líricos bastante complexos.

[9] Perna, 1978, p. 41-43.

[10] Perna, 1978, p. 42.

[11] Mariotti, 1952, p. 19.

[12] O primeiro edifício inteiramente construído para ser um teatro foi produzido por Pompeu em 55 a.C..

[13] Todos os trechos da Comédia Nova neste posfácio são em senários jâmbicos, traduzidos do mesmo modo que os senários nos *Adelfos*, exceto onde indicado o contrário.

[14] No *Anfitrião* de Plauto, os futuros semiperformativos são abundantes na fala dos personagens divinos, especialmente Mercúrio, sempre anunciando exatamente o que vai fazer na sequência imediata, desde a apresentação dos eventos futuros na peça até o engano e o roubo da identidade de Sósia.

[15] As análises aqui apresentadas sobre a peça são versões atualizadas das análises encontradas em Gonçalves (2009).

[16] Na peça de Plauto, na verdade, o escravo engana o velho três, e não duas vezes, como em Menandro.

[17] Algumas análises interessantes sobre isso podem ser encontradas na introdução de Cardoso (2006).

[18] Trecho em créticos (649) e septenários trocaicos (650). Traduzi ambos por septenários brasileiros.

[19] Mnesíloco (Sóstrato em Menandro) deixou Atenas a negócios e incumbiu seu amigo Pistoclero (sem nome nos fragmentos que restaram da peça grega) de cuidar de sua amante, a prostituta Báquis. Pistoclero acaba descobrindo que a prostituta tem uma irmã gêmea e começa uma relação com ela. Nesse ponto das duas peças, o primeiro jovem acredita que seu companheiro está tendo uma relação com a sua amante, sem saber da existência da irmã.

[20] Eu uso aqui a edição de Arnott (1979).

[21] Tradução de Guilherme Gontijo Flores.

[22] Aulo Gélio, *Noctes Atticae* II, 23, apresenta também três longos trechos comparando Menandro e seu tradutor latino, o dramaturgo Cecílio Estácio. Trata-se do único outro par de peças da *néa* e da *palliata* que podem ser comparadas da mesma forma. Os procedimentos de tradução são bastante parecidos. Para análises mais aprofundadas, cf. Traina (1974) e Wright (1975).

[23] Septenários trocaicos.

[24] O trecho consta da tradução de Maurice Balme. O trecho grego, encontrado em papiro recente, não foi localizado por nós.

[25] Para uma análise do engano em Plauto como estratégia recorrente de estabelecimento do metateatro, cf. Cardoso (2010).

[26] Ainda que nunca nomeado em suas peças, devemos a identificação à crítica de Donato no século IV da nossa era.

[27] Cf. Duckworth (1952, p. 202-208) e Marshall (1999, p. 4-5), por exemplo.

[28] Terêncio usa o mesmo verbo em *Heauton Timoroumenos* 17 e *Eunuchus* 552. Nesta última, o verbo tem claramente o sentido de "estragar", "corromper": *ne hoc gaudium contaminet vita aegritudine aliqua* ("para que esta alegria não se estrague com alguma outra aflição da vida").

[29] As biografias são incertas e as datas de nascimento e morte de Terêncio não foram estabelecidas com certeza.

[30] Musical coescrito por Burt Shevelove e musicado por Stephen Sondheim, impressionante reescrita de Plauto para a Broadway, e posteriormente para o cinema.

Bibliografia:

AUSTIN, John L. *How to do Things with Words: The William James Lectures Delivered at Harvard University in 1955.* URMSON J. O. (Ed.). Oxford: Clarendon, 1962.

BAIN, David. Plautus vortit barbare: Plautus, Bacchides 526-61, and Menander, Dis Exapaton, 102-12. In: WEST, David; WOODMAN, A. J. *Creative Imitation and Latin Literature.* Cambridge: Cambridge University Press, 2008.

BEARE, William. *The Roman Stage: a Short History of Latin Drama In The Time of The Republic.* Londres: Methuen & Co. Ltd., 1964.

CARDOSO, Isabella Tardin. Ilusão e engano em Plauto. In: CARDOSO, Z. A.; DUARTE, A. S. (Orgs.). *Estudos sobre o teatro antigo.* São Paulo: Alameda, 2010. v. 1, p. 95-126.

CARDOSO, Isabella Tardin. *Estico de Plauto.* Campinas: Ed. da Unicamp, 2006. Edição Bilíngue.

CARRATELLO, Ugo. *Livio Andronico.* Roma: Cadmo, 1979.

CASSIN, Barbara; NARCY, Michel. *La décision du sens: Le livre Gamma de la Métaphysique d'Aristote.* Paris: Vrin, 2000.

CASSIN, Barbara. *L'effet sophistique.* Paris: Gallimard, 1995.

CASSIN, Barbara. *Efeito Sofístico: Sofística, filosofia, retórica, literatura.* Tradução de Ana Lúcia de Oliveira, Maria Cristina Franco Ferraz e Paulo Pinheiro. São Paulo: 34, 2005.

DOMINIK, William J. From Greece to Rome: Ennius' Annales. In: BOYLE, A. J. (Org.) *Roman Epic.* Londres: Routledge, 1993.

DUCKWORTH, George E. *The Nature of Roman Comedy: A Study in Popular Entertainment.* Nova Jersey: Princeton University Press, 1971.

DUPONT, Florence. *L'acteur-roi: Le théâtre dans la Rome antique.* Paris: Les Belles Lettres, 1996.

DUPONT, Florence. *The Invention of Literature: From Greek Intoxication to the Latin Book.* Tradução de Janet Lloyd. Baltimore; Londres: Johns Hopkins University Press, 1999.

DUPONT, Florence. *Aristote ou le vampire du théâtre occidental.* Paris: Aubier, 2007.

DUPONT, Florence. *Rome, la ville sans origine.* Paris: Gallimard, 2011.

DUPONT, Florence. *Aristóteles ou o vampiro do teatro ocidental.* Trad. Joseane Prezotto et al. Florianópolis: Cultura e barbárie, 2017.

DUPONT, Florence; LETESSIER, Pierre. *Le théâtre romain.* Paris: Armand Colin, 2012.

FORD, Andrew. *The Origins of Criticism, Literary Culture and Poetic Theory in Classical Greece.* Princeton: Princeton University Press, 2002.

FRAENKEL, Edward. *Plautine Elements in Plautus: (Plautinisches im Plautus)*. Oxford: Oxford University Press, 2007.

GENTILI, Bruno. *Theatrical Performance in the Ancient World: Hellenistic and Early Roman Theatre*. Amsterdam: Brill Academic Publishers, 1979.

GOLDBERG, Sander. Saturnian Epic: Livius and Naevius. In: BOYLE, A. J. (Org.) *Roman Epic*. Londres: Routledge, 1993.

GONÇALVES, Rodrigo T. Comédia Latina: a tradução como reescrita do gênero. PhaoS, v. 9, p. 117-142, 2009.

GONÇALVES, Rodrigo T. Linguagem, sofística e tradução: a atividade performativa e constitutiva da tradução na literatura latina dos séculos III e II a.C. In: CALOSSO, Silvia S. (Org.). SIMPOSIO NACIONAL DE ESTUDIOS CLÁSICOS, 21., 2010, Santa Fe. Asociación Argentina de Estudios Clásicos, Universidad Nacional del Litoral. 1. ed. Santa Fe, Argentina: CMED, 2010.

GONÇALVES, Rodrigo T. *Performative Plautus: Sophistics, Metatheater and Translation*. Newcastle: Cambridge Scholars Publishing, 2015.

HANDLEY, E. W. *Menander and Plautus: a Study in Comparison*. Londres: HK Lewis, 1968.

LEFEVERE, André. *Tradução, reescrita e manipulação da fama literária*. Tradução de Claudia Matos Seligmann. Bauru: Edusc, 2007.

MARIOTTI, Scevola. *Livio Andronico e la Traduzione Artistica*. CRITICO, Saggio (Ed.). Urbino: Edizione dei Frammenti dell Odyssea, Università degli Studi, 1985.

MARSHALL, C. W. *The Stagecraft and Performance of Roman Comedy*. Cambridge: Cambridge University Press, 2006.

MENANDER. *Comedies. Aspis to Epitrepontes*. Edited and Translated by W. G. Arnott. Cambridge, MA: Harvard, Loeb Classical Library, 1979. v. 1.

MOORE, Timothy J. *The Theater of Plautus: Playing To The Audience*. Austin: University of Texas Press, 1998.

PERNA, Rafaele. *Livio Andronico: Poeta de Puglia*. Bari: Bigieme, 1978.

PLAUTUS. *Comoediae*. LINDSAY, W. M. (Ed.). Oxford: Clarendon Press, 1904. Oxford Classical Texts.

PLAUTUS. *Amphitryon, The Comedy of Asses, The Pot of Gold, The Two Bacchises, The Captives*. Edited and translated by Wolfgang de Melo. Cambridge, MA: Harvard, Loeb Classical Library, 2011. v. 1.

ROBERTS, Deborah H. Translating Antiquity: Intertextuality, Anachronism, and Archaism. In: HEYWORTH, S. J. (Ed.). *Classical Constructions: Papers in Memory of Don Fowler, Classicist and Epicurean*. Oxford: Oxford University Press, 2007.

ROBINSON, Douglas. *Performative Linguistics: Speaking And Translating As Doing Things With Words*. Londres: Routledge, 2003.

RUSSELL, D. A. *De imitatione.* In: WEST, David; WOODMAN, A. J. *Creative Imitation and Latin Literature.* Cambridge: Cambridge University Press, 2008.

SEGAL, Erich. *Roman Laughter: The Comedy of Plautus.* Oxford: Oxford University Press, 1987.

SHEVELOVE, Burt; GELBART, Larry; SONDHEIM, Stephen. *A Funny Thing Happened On The Way To The Forum. Based on the Plays of Plautus.* Nova York: Applause Theater Books Publishers, 1990.

SLATER, Njall. *Plautus in Performance: The Theatre of the Mind.* 2. ed. Nova Jersey: Princeton University Press, 2000.

TERENCE. Comedies. *The Woman of Andros, The Self-Tormentor, The Eunuch.* Edited and translated by John Barsby. Cambridge, MA: Harvard, Loeb Classical Library, 2001. v. I.

TERENCE. Comedies. *Phormio, The Mother-in-Law, The Brothers.* Edited and translated by John Barsby. Cambridge, MA: Harvard, Loeb Classical Library, 2001. v. II.

TRAINA, Alfonso. *Vortit barbare: Le traduzioni poetiche da Livio Andronico a Cicerone.* Seconda edizione riveduta e aggiornata. Roma: Edizioni dell'Ateneo, 1974.

VERRUSIO, M. *Livio Andronico e la sua traduzione dell'Odissea Omerica.* Roma, 1977.

WEST, David; WOODMAN, A. J. *Creative Imitation and Latin Literature.* Cambridge: University Press, 2008.

Esta edição de *Os Adelfos* foi impressa para a Autêntica Editora
pela gráfica Rede em março de 2020, ano em que se celebram:

c. 2800 anos de Hesíodo (séc. VIII a.C.);
c. 2800 anos de Homero (séc. VIII a.C.);
c. 2500 anos dos mais antigos textos bíblicos (séc. VI a.C.);
c. 2210 anos de Terêncio (c. 190 a.C.-159 a.C.);
2180 anos da encenação de *Os Adelfos* (160 a.C.);
2122 anos de Julio Caesar (102-44 a.C.);
2090 anos de Virgílio (70-19 a.C.);
2085 anos de Horácio (65-8 a.C.);
2063 anos de Ovídio (43 a.C.-18 d.C.);
2019 anos do fim do uso da escrita cuneiforme (1 a.D.)
e
23 anos da fundação da Autêntica (1997).

O papel do miolo é Off-White 70g/m² e o da capa é Supremo 250g/m².
A tipologia é Bembo Std.